五常市革命烈士纪念馆

五常市革命烈士陵园

汪雅臣将军遗像

汪雅臣烈士纪念碑

东北抗日联军第十军简介

王光宇简介

马 蹬

烧水壶

抗联十军使用过的物品

五常市档案馆收集的照片

牛家经济开发区　办公楼

牛家经济开发区　全景

牛家经济开发区　松鹤制药

牛家经济开发区　办公楼

牛家经济开发区　全景

牛家经济开发区　徐家泽林木业

五常市革命老区发展史

五常市革命老区发展史　编

黑龙江教育出版社

图书在版编目（ＣＩＰ）数据

五常市革命老区发展史 / 五常市老区建设促进会编
. -- 哈尔滨 ：黑龙江教育出版社，2021.5
ISBN 978-7-5709-2266-6

Ⅰ．①五… Ⅱ．①五… Ⅲ．①五常－地方史 Ⅳ.
①K293.54

中国版本图书馆CIP数据核字(2021)第078432号

顾　　问	于万岭			
丛书主编	杜吉明			
副　主编	白亚光	张利国	李树明	李　勃

五常市革命老区发展史
Wuchangshi Geming Laoqu Fazhanshi

五常市老区建设促进会　编

责任编辑	高　璐
封面设计	朱建明
责任校对	杨　彬
出版发行	黑龙江教育出版社
地　　址	哈尔滨市道里区群力第六大道1305号
印　　刷	哈尔滨博奇印刷有限公司
开　　本	787毫米×1092毫米　1/16
印　　张	13.5
字　　数	170千
版　　次	2021年5月第1版
印　　次	2021年5月第1次印刷
书　　号	ISBN 978-7-5709-2266-6　　定　价　38.00元

黑龙江教育出版社网址：www.hljep.com.cn
如需订购图书，请与我社发行中心联系。联系电话：0451-82533097　82534665
如有印装质量问题，影响阅读，请与我公司联系调换。联系电话：0451-51789011
如发现盗版图书，请向我社举报。举报电话：0451-82533087

《五常市革命老区发展史》 编委会

主　任　王宪全

副主任　郭清沧　王文忠

《五常市革命老区发展史》 编辑部

主　　编　李芸生

编　　委　王景斌　张喜春　张　明　薛永富　王成范

《五常市革命老区发展史》 审读小组

组　　长　李芸生

副组长　王景斌　张喜春　张　明　薛永富　王成范

组　　员　张　伟　刘守财

总　序

在举国欢庆新中国成立70周年前夕，中国老区建设促进会王健会长请我为《全国革命老区县发展史》丛书作序，作为一名在老区战斗过并得到老区人民生死相助的老兵，回首往事，心潮澎湃，感慨万千，深感义不容辞，欣然应允。

中国革命老区，是以毛泽东为代表的中国共产党人在领导人民推翻帝国主义、封建主义和官僚资本主义三座大山，争取民族独立和人民解放伟大斗争中建立的革命根据地，在这片红色的土地上，诞生了无数可歌可泣的革命英雄儿女，为后人树起了一座不朽的丰碑。她是新中国的摇篮，是党和军队的根。

在艰苦卓绝的战争年代，老区人民把自己的命运与中华民族的命运紧紧地联系在一起，与中国共产党和人民军队的命运紧紧地联系在一起，他们生死相依，患难与共。我曾亲历过战争年代，并得到过老区红哥红嫂的救助，切身感受到发生在身边的一幕幕撼天动地的革命故事，在那极其艰难的条件下，老区人民倾其所有、破家支前，不怕艰难困苦，不怕流血牺牲。"最后一碗米送去做军粮，最后一尺布送去做军装，最后一件老棉袄盖在担架上，最后一个亲骨肉送去上战场"，这是当时伟大的老区人民为建立新中国做出巨大牺牲的真实写照，它将永远镌刻在中国共产党、中国人民解放军、中华人民共和国的历史丰碑上。他们的光辉业绩永载史册，他们的革命精神必将影响一代又一代的革命新人，造就一代又一代的民族脊梁。

在社会主义革命和建设时期，革命老区和老区人民响应党的号召，面对落后的面貌、脆弱的经济、恶劣的生态环境，他们本色不变，精神不丢，自力更生，艰苦奋斗，干一行爱一行。始终坚持"革命理想高于天"，自觉做共产主义远大理想的坚定信仰者和忠实实践者，勇于向恶劣的自然环境和贫穷落后宣战，他们在各条战线上为国建功立业，用平凡的双手创造了一个又一个不平凡的奇迹，彰显了老区人的崇高精神和人格力量。

在改革开放的伟大进程中，老区人民解放思想，勇于创新，发奋图强，攻坚克难，老区的经济社会建设取得了辉煌成就。特别是在改变中国的面貌、中华民族的面貌、中国人民的面貌、中国共产党的面貌的伟大实践中发挥了至关重要的作用。老区人民既是改革开放的参与者，也是改革开放的推动者。

艰苦练意志，危难见精神。老区人民在近百年的革命战争、社会主义建设和改革开放的伟大实践中，孕育形成了伟大的老区精神：爱党信党、坚定不移的理想信念；舍生忘死、无私奉献的博大胸怀；不屈不挠、敢于胜利的英雄气概；自强不息、艰苦奋斗的顽强斗志；求真务实、开拓创新的科学态度；鱼水情深、生死相依的光荣传统。这是党和人民宝贵的精神财富、丰厚的政治资源，是凝心聚力、振奋民族精神的重要法宝，也是社会主义核心价值观的重要内容。

中国老区建设促进会怀着强烈的政治责任感和历史使命感，组织全国各地老促会人员克服困难，尽心竭力编纂《全国革命老区县发展史》丛书，记录老区的光辉历史和辉煌成就，传承红色基因，弘扬老区精神，是功在当代，利及千秋的一件大事。手捧这部丛书的部分书稿，读着书中的故事，倍感亲切，深感这部丛书具有资政、育人、存史的社会功能，有着重要的时代和历史价值。它是不忘初心、牢记使命的源头活水，是赞颂共产党、讴歌老区人民的一部精品力作，是弘扬老区精神、传承红色记忆的丰厚载体，是一项继承优秀传统文化、弘扬革命文化、发展社会主义先进文化，坚定"四个自信"的宏大文化工程。它必将成为一种文化品牌，为各界人士了解老区宣传老区支持老区提供一部有价值的研究史料。希望读者朋友们能从中了解并牢记这些为党和民族的利益不断奉献的老区人民，从中得到教益，汲取人生奋斗的精神动力。

新时代赋予新使命，新起点开启新征程。让我们更加紧密地团结在以习近平同志为核心的党中央周围，坚持以习近平新时代中国特色社会主义思想为指导，增强"四个意识"，坚定"四个自信"，做到"两个维护"，弘扬老区精神，铭记苦难辉煌。为实现"两个一百年"奋斗目标，实现中华民族伟大复兴的中国梦做出新的更大的贡献！

迟浩田

2019 年 4 月 11 日

编写说明

　　2017年6月，中国老区建设促进会组织全国各地老促会启动编纂《全国革命老区县发展史》丛书，按照"建立中国共产党、成立中华人民共和国、推进改革开放和中国特色社会主义事业"三大里程碑的历史脉络，系统书写革命老区百年历史，深入挖掘革命老区红色文化资源，这对于充实丰富中国革命史籍宝库、在新时代传承红色基因、弘扬革命精神、强根固本，对于激励人们在新的历史条件下夺取中国特色社会主义伟大胜利，实现中华民族伟大复兴的中国梦具有重要意义。

　　丛书编纂以习近平新时代中国特色社会主义思想为指导，以《中国共产党历史》《中国共产党的九十年》等重要文献为基本依据，以党的领导为核心，以老区人民为主体，以老区发展为主线，体现历史进程特征，突出时代发展特色，坚持辩证唯物主义和历史唯物主义相统一、历史真实性与内容可读性相统一的原则，书写革命老区从站起来、富起来到强起来的光辉革命史、不懈奋斗史、辉煌成就史，把老区人民的伟大贡献、伟大创造、伟大成就、伟大精神充分展示出来，形成一部具有厚重历史特征和鲜明时代特色的精品力作。这是一部培根铸魂、守正创新，既为历史立言，又为时代服务，字里行间流淌着红色血脉、催生着革命激情的传世之作。丛书的编纂出版将成为讴歌党讴歌人民讴歌时代、传播红色文化、为革命老区和老区人民树碑立传的重要载体。丛书按照编年体与纪事本末体相结合、以编年体为主的编写体例确定框架结构；运用时经事纬、点面结合的方式记述史实；坚持人事结合、以事带人的原则处理人与事的关系；采取夹叙夹议、叙论结合以叙为主的方法展开内容。做到史料与史论、历史与现实、政治与学术统一，文献性、学术性、知识性相兼容。

为编纂好《全国革命老区县发展史》丛书，打造红色文化品牌，中国老区建设促进会认真组织积极协调，提出政治立场鲜明、史料真实准确、思想论述深刻、历史维度厚重、时代特色突出、编写体例规范、篇目布局合理、审读把关严格、出版制作精良的编纂出版总要求，力求达到革命史籍精品的精神高度、思想深度、知识广度、语言力度，增强丛书的权威性和社会影响力。各省（区、市）、市（州、盟）、县（市、区、旗）老促会的同志，以强烈的使命感、责任感和紧迫感，勇于担当，积极作为，认真实施，组织由老促会成员、专家学者等参加的十余万人编纂队伍。编纂工作主体责任在县，省、市组织协调、有力指导、审读把关。各方面人员以高度负责的精神和科学严谨的态度，满腔热情地投入工作，为丛书编纂出版做出了重要贡献。丛书编纂工作还得到了党和国家有关部委、地方各级党委政府及有关部门的大力支持和积极参与，社会各界也给予了热情帮助。中共中央政治局原委员、中央军委原副主席、原国务委员兼国防部长迟浩田上将，对老区人民怀有深厚感情，对革命老区建设发展十分关注，欣然为《全国革命老区县发展史》丛书作总序。

　　丛书由总册和1 599 部分册（每个革命老区县编纂1部分册）组成，共1 600 册。鉴于丛书所记述的史实内容多、时间跨度长和编纂时间紧，不妥之处，敬请批评指正。

中国老区建设促进会

目 录

序 言

编撰《五常市革命老区发展史》是根据中国老区建设促进会中老促字〔2017〕15号文件的要求，为贯彻落实习近平总书记关于"发扬红色资源优势，深入进行党史、军史、老区革命史优良传统教育，把红色基因代代传下去"的指示，和中办发〔2015〕64号文件中提出的"积极支持老区精神挖掘整理工作，扶持创作一批反映老区优良传统，展现老区精神风貌的优秀文艺作品和文化产品"的要求进行的。

五常市革命老区是经黑龙江省确定的四个镇，即小山子镇、冲河镇、沙河子镇和向阳镇。革命老区是土地革命战争和抗日战争时期党领导下创建的革命根据地。我党我军在抗日战争时期的革命活动并不仅限于五常市这四个乡镇，它遍及多个乡镇。无论是战争年代还是社会主义建设时期，这些地区的人民为中国革命和建设事业都付出了巨大牺牲，做出了极大贡献，他们的光辉历史和优良传统是宝贵的精神财富和丰厚的政治资源，我们应该永远铭记，永远珍惜，从红色记忆中汲取力量。

编撰此书，坚持以习近平总书记关于革命老区的系列讲话精神为指导，坚持以党史、军史、中国革命史为依据，坚持以革命老区和老区人民的奋斗史为重点，坚持以党的十八大以来革命老区取得的巨大成就和发展变化为亮点，集中体现老区人民革命斗争史，突出老区革命精神和光荣传统的弘扬和宣传。

本书着重突出四个方面，一是老区人民在党领导下创建和发展革命根据地斗争中的历史贡献和地位作用；二是老区人民在创建和发展革命根据地过程中的重大历史事件、著名英模英烈事迹，以及展现出来的革命精神和光荣传统；三是挖掘整理当地著名革命历史遗址、文物、纪念场馆等红色文化资源；四是新中国成立以来，特别是党的十八大以来，老区人民在以习近平为核心的党中央领导下，发扬自力更生、艰苦奋斗光荣传统，脱贫攻坚，改变贫困落后面貌发生的巨大变化及涌现出来的先进典型。

在庆祝中国共产党成立一百周年之际，《五常市革命老区发展史》出版了。它必将对加强爱国主义教育、弘扬老区精神、打造和谐五常、富裕五常起到极大的促进作用。

五常充满希望，欣欣向荣。按照新兴中等城市定位，勤劳淳朴的五常人民励精图治、开拓进取，不忘初心、牢记使命，经济建设突飞猛进，社会事业协调发展，各条战线捷报频传，一个集区域核心城市、现代工业重镇、特色农业基地、商贸物流中心于一体的现代化城市正在崛起。

愿五常明天更美好。

五常市委副书记、市长　杨健

第一章　历史变迁

第一节　地理概况

五常市位于黑龙江省南部。地处北纬44°04′—45°26′，东经126°33′—128°14′之间。东南临长白山余脉张广才岭西麓，西北接松嫩平原。地域呈狭长形，南北总长180多公里，东西平均宽42公里，总面积7 501.4平方公里。市政府所在地五常镇，距离省会哈尔滨市114公里。

地势自东南向西北倾斜，东南部地势较高，层峦叠嶂，多森林。中部丘陵起伏，多沟壑。西北部多平原，较肥沃。拉林河和牤牛河两大河流均发源于本市东南部山区，随着地势的倾斜流向西北部，贯穿全境。河流两岸呈带状分布，有低漫滩、高漫滩、阶地等各类河流地貌。两大河流的河谷平原区，地势平坦，水源丰足，盛产水稻，素有"张广才岭下水稻王国"之称。

第二节　历史沿革

五常历史悠久，早在公元前2600年至前2300年间就有人栖身此地，繁衍生息。

唐虞时属息慎，夏至周（公元前21世纪至771年）为肃慎，亦曰稷慎。《左传·昭九年》："肃慎燕毫吾北土也。"《山海经·大荒北经》记载："大荒之中，有山名曰不咸（今长白山），有肃慎氏之国，负山襟海，地大物博。其国界南包不咸北抵弱水（今黑龙江），东极大海（今日本海），广袤数千里。"五常在其境内。

两汉时为挹娄，属夫余府境。《后汉书》记载："夫余国在玄菟北千里，南与高句丽，东与挹娄，西与鲜卑接壤，北有弱水，地方两千余里，最为平敞。"玄菟为汉武帝所置四郡之一。五常在夫余境内。

北魏时属勿吉，《魏书勿吉传》称："勿吉国在高句丽北，旧肃慎国也。"南北朝末期，勿吉形成七部，五常当时属安车骨部，拉林属伯咄部。彼时，境内仍是僻陋之域，荒林漠野，人烟稀少。土民"处于山林之间，土气极寒，常为穴居""无市井城廓"。

隋时为靺鞨，即勿吉之改称。靺鞨分为七部，五常、拉林、双城同属伯咄靺鞨。

唐初为渤海国上京路夫余府境的郑颉州，亦称郑颉府。《满洲源流考》称："渤海国北跨松花江，南至朝鲜，东至乌苏里江，西至科尔沁草原，幅界至广。有京府、州、县之置，计五京、十五府、六十二州、一百四十左右县。夫余府下有、高二州，郑颉州亦称郑颉府。"即今双城、拉林、五常、阿城、宾县一带。

辽属东京道。居民以女真为主，当时有生女真和熟女真，生女真在长白山北，松花江流域。五常、拉林属生女真。境内有温都部、术虎部、加一部和裴满部。辽初，土民一向过着"弋猎网钓"的生活。辽代中叶始逐渐定居，既渔猎，又农耕，有五谷，好养豕。辽·元庆四年（1114年），完颜女真部酋长阿骨打为了攻伐辽国，命令在拉林河沿岸修筑城堡。

金时拉林、五常均系会宁府（今阿城白城）属境。金·收国元年（1115年）拉林城已初步形成。金太祖完颜阿骨在攻克宁江洲后，曾在拉林城奖励有功将士。此后，金国始在拉林屯田。

元时属辽阳行省于元路。元·中统二年（1261年），五常、拉林同归该路。元·至元三十年（1293年）元朝在拉林地区屯垦，改拉林为剌怜。元·至顺元年（1330年）在拉林西建立驿站，名为斡木火驿站。

明时属奴尔干都司。《明一统志》载：努尔干都司共辖400多个卫所。明·永乐四年（1406年）五常地区归摩琳河卫管辖。翌年，拉林地区归拉林河卫，亦称纳邻河卫。其卫所在今拉林满族镇附近。

清初，五常地区为宁古塔昂邦章京所辖。康熙二十三年（1684年）清政府反击罗刹（沙俄），为了储备军粮，在拉林扩建官仓，拉林仓由此得名。此时，拉林、五常统归宁古塔副都统管辖。雍正三年（1725年）设拉林协领、副协领各1人，管理军政事务。乾隆九年（1744年），清政府将在北京的八旗人（满族人）1 000户移拨拉林地区屯垦。是年，在拉林建立副都统衙门，名为阿拉楚喀副都统衙门，管理双城子、阿勒楚喀等地区的军政事务。乾隆二十一年（1756年）在拉林地区建立正红、镶红、正白、镶白、正蓝、镶蓝、正黄、镶黄八旗，每旗建屯3个，共计24个旗屯。旗由佐领管理，旗人属军事编制，"出则为兵，入则为民，有事征调无事耕猎"。是年，拉林副都统与阿勒楚喀副都统分设。乾隆三十四年（1769年）裁拉林副都统，设左翼协领1人，隶属阿勒楚喀副都统。嘉庆八年（1803年）批准在拉林东开荒2.5万垧。嘉庆十七年（1812年）又拨在京旗人500户到拉林、双城等地。并在今牛家地区设立镶黄旗头屯、二屯、三屯、四屯、五屯。咸丰四年（1854年）清政府批准在五常堡界内凉水泉子、夹信沟放荒开垦。同治八年（1869年）建立五常堡（今常堡乡）协领衙门。设举仁、由义、崇礼、尚智、诚信五个甲社，此为五常之由来。光绪六年十二月二十六日（1881年1月25日）在欢喜岭（今五常镇）建立五常厅（属吉林省），为五常建制始。五常厅与五常堡旗民分治。宣统元年（1909年）改五常厅为五常府。1913年改五常府为五常县。

1931年，东北三省沦为日本帝国主义殖民地，建立了满洲帝国，五常县隶属于吉林省管辖。翌年3月，日本侵略军占领五常县，成立了伪五常县公署。同年5月袁海龙组织抗日义勇救国军，占领五常县城，赶走了伪县长，改五常县为"海龙县"，达半月余。7月，伪县长于谦澍、代理参事官横山安起到任后，重新组建伪县公署。1934年10月，将五常县划归伪滨江省管辖，属丙种县。1945年，抗日战争胜利后，伪满洲帝国彻底垮台，五常县的敌伪机构也随之瓦解。同年8月，由伪县长李春甫纠集汉奸、土匪组建了地方治安维持会，盘踞五常县。10月，东北民主联军哈南分区接收双城县后，在拉林镇设立了双东区村联合办事处。

1946年1月1日，中国共产党领导的东北人民自卫军进驻五常，解散"维持会"，1月4日建立五常县民主（联合）政府，归哈南分区行政督察专员公署管辖。旋即成立了中共五常县委员会，隶属于中共松江省哈南地委领导。1947年1月成立了拉林县。同时，将五常县的山河镇以南划归吉林省吉北行政督察专员公署管辖，成立了山河县。今沙河子、向阳、长山、保山、双兴等乡镇均属山河县管辖。同年11月撤销山河县，将从五常县划出的6个乡镇移交给吉北专署舒兰县管辖。1948年6月，又将划出的6个乡镇重新划归五常县，为第十区（山河、双兴、长山、保山）和十一区（沙河子、向阳）。

1949年，新中国成立后改五常县民主政府为五常县人民政府。隶属于松江省管辖。1954年8月撤销松江省建制，合并为黑龙江省。1955年3月改五常县人民政府为五常县人民委员会。1956年3月，经国务院批准，将拉林县合并到五常县。1958年成立松花江地区行政专员公署，五常县归松花江地区行署管辖。1959年末撤销松花江地区行署，五常县划归哈尔滨市管辖。1965年恢复松花江地区行署，五常县又重属松花江地区行署管辖。1967年9月改五常县人民委员会为五常县革命委员会。1980年按全国四届人大通过的新《宪法》恢复了五常县人民政府。

1993年6月，经国务院批准，五常撤县设市，机构名称随之更变。1996年撤销松花江地区行政公署建制，原松花江地区所辖市县全部划为哈尔滨市，五常市隶属于哈尔滨市管辖。

第三节　行政区划

清朝咸丰年间，在五常堡设有5个社，即举仁社（今牤牛河北岸二河乡及志广乡北部地区）、由义社（今小山子镇和龙凤山，光辉、冲河、沙河子等乡镇至张广才岭以北大片地区）、崇礼社（今向阳镇和沙河子镇三人班以北地区）、尚智社（今五常镇、杜家镇和民意乡的大部地区）、诚信社（今安家、常堡、卫国、志广等4个乡镇在牤牛河南岸的大部地区）。

光绪七年（1881年）在欢喜岭建立五常厅后，在上述5个社的基础上又增设了6个社，即学田社（今龙凤山乡学田、三屯、汪家店、蔡家街及原光辉乡的南部地区）、半稳社（今山河镇所属的原双兴乡和保山乡全境）、新裕社（今山河镇原双兴乡的爱路、永兴两个村）、安惠社（今长山乡南部地区）、恭让社（今长山乡北部地区）、兴仁社（今兴盛乡大部地区）。至此，全县共有11个社。

宣统元年（1909年），五常厅改为五常府。宣统二年（1910年），五常府改社为乡，共11个乡。今常堡为诚信乡、二河为举仁乡、向阳为崇礼乡、山河镇所辖的原双兴一带为丰稔乡、山河屯为新裕乡、长山为安惠乡、恭让乡，兴盛为兴仁乡，小山子、冲河、沙河子为由义乡，龙凤山及其所属的原光辉为学田乡，五常镇、民意、杜家为尚智乡。下属自然屯未变。

牤牛河北部拉林地区，自辽·咸雍八年（1072年），即有屯落。从乾隆七年（1742年）开始，清政府拨在京旗人（满族）到拉林一带屯垦。嗣后，在拉林地区建立24个旗屯。

"民国"时期，原五常县划为6个区。五常镇为一区，山河屯为二区，向阳山为三区，太平山（今小山子）为四区，五常堡为五区，冲河为六区。

1931年，曾实行区、乡、闾、邻制。第一区会英乡，第二区节宁乡、山河屯乡，第三区有老顶、晓涛、鸡冠、九鼎、大竹、大都、清井、中阳、摩天、大崴、金宝、东安、青龙、寒葱、地局、沙河、四马等17个乡，142个闾（5邻为一闾），729个邻（57户为一邻），全区3 650户。第四区同德乡、太平山乡，第五区泗滨乡、集福乡。

"民国"后期又增杜家和兰彩桥（今龙凤山乡所属的原光辉）两个区。

1933年12月22日，以教令第96号公布暂行保甲法。本县在1934年3月，在6个警察驻所的基础上成立6个保、183个甲，2 157个牌。

1937年8月1日，将原来6个保改为联合保，下置小保51个。

1938年又改为23个保，脱离警察分驻所关系，归县公署行政科行政股直辖。同年12月1日改23个保为21个街村筹备处。

1939年7月1日，正式成立五常、山河两个街。

1940年7月1日，将街村筹备处归并为18个村。即房身村、腰贡村、杜家村、大房村、七星村、水泉村、新太村、向阳村、沙河村、小山村、兰彩桥村、诚信村、恒兴村、常堡村、安家村、二河村、宋家村、冲河村。

此时，属双城县管辖的拉林地区建立了1个街11个村。1街是拉林街，11个村是仁德村、仁祥村、爱林村、爱友村、爱善村、爱富村、爱本村、爱良村、仁厚村、仁崇村、仁寿村。

五常县内各街、村下设区，区下设部落，部落下设牌。当时，全县有159个区，838个部落，2 918个牌。

1949年中华人民共和国成立后，五常县成立了13个区，即第一区五常镇、所辖2个村；第二区：杜家，所辖15个村；第三区：兰彩桥，所辖17个村；第四区：小山子，所辖14个村；第五区：冲河，所辖12个村；第六区：卫国，所辖11个村；第七区：常堡，所辖13个村；第八区：安家，所辖14个村；第九区：兴盛，所辖13个村；第十区：山河屯，所辖13个村；第十一区：沙河子，所辖7个村；第十二区：长山，所辖8人村；第十三区：向阳，所辖7个村。全县共148个村，920个自然屯。

原拉林县下设7个区。第一区：城关；第二区：八家子、新民；第三区：兴隆；第四区：兴安、红旗；第五区：兴业、牛家；第六区：利民、双桥子；第七区：背荫河。

1956年3月，拉林县与五常县合并后，改区村为乡制。全县辖65个乡、镇。以原区的所在地为中心乡，划为3个镇，62个乡，下辖315个高级农业生产合作社。3个镇是五常镇、拉林镇、山河镇。

1958年秋，全国实行人民公社化，撤销乡制，建立人民公社，公社是"政社合一"的体制。全县共建25个人民公社，在原村政府的基础上建立了299个管理区，管理区下设1 818个生产队。1961年后，又增设了龙凤山、双桥子、二河3个人民公社。1982年末，全县共有3个镇25个人民公社，下属403个生产大队、2 372个生产队。19个城镇街道办事处，94个居民委，639个居民小组。全县共有自然屯1 554个。

1984年2月，按新《宪法》规定及省、地委指示，把全县28个人民公社改为24个乡、4个镇。改乡（镇）人民公社管理委员会为乡（镇）人民政府，将全县的生产大队改为414个村，下辖1 550个自然屯。五常、拉林、山河三镇设17个街道办事处，112个居民委员会，下属604个居民组。1985年5月17日，经上级批准将背荫河、安家、冲河、沙河子、杜家、牛家6个乡晋建为镇。至此，全县共有18个乡，其中民族乡3个，即营城子满族乡、双桥子满族乡、民乐朝鲜族乡。10个镇，下属村民委员会416个，又在1 598个自然屯内设2 200个屯民小组。五常、拉林、山河三镇街道办事处、居民委员会、居民组不变。

1986年，向阳乡晋建为向阳镇。至此，全县共有17个乡，11个镇，416个村民委员会，2 165个村民小组。

1990年9月，经省政府批准五常县拉林、牛家、红旗3个乡镇改建为满族乡镇。至此，全县已有5个满族乡镇。

1993年6月，经国务院批准五常撤县设市。全市共有28个乡（镇），其中民族乡（镇）6个。有406个村民委员会。

2000年末，全市共有28个乡（镇），其中11镇17乡。有408个村民委员会。

2001年，根据黑龙江省、哈尔滨市关于行政区划调整的指示精神，五常市双桥子满族乡并入拉林满族镇；双兴乡并入山河镇；光辉乡并入龙凤山乡；保山乡并入向阳镇。至此，全市原28个乡（镇）调整为24个乡（镇），即11个镇，13个乡。其中民族乡（镇）5个。随着乡（镇）行政区划变动，各乡（镇）所属行政区划也发生变化。

2013年9月，龙凤山乡改为龙凤山镇。全市辖24个乡（镇），即12个镇，12个乡和1个牛家工业园区。261个行政村，21个居民社区，1 571个自然屯。

第四节　乡镇概况

一、四个革命老区简介

小山子镇

镇政府所在地胜丰村北套城屯，位于五常市政府，东南38公里处，是本市东部地区的经济，文化中心。南靠冲河镇，东与北归尚志市老街基乡，西与西南与龙凤山乡搭界。境内交通便利，过往班车70次，里程1 400公里，日单程客流量1 200人。过境通往外地的主要公路有铁通公路，小冲公路及通往龙凤山乡、志广乡等周边乡镇的砂石路和白色路。区域面积628平方公里。全镇辖10个行政村，76个自然屯，总人口4.2万人。该镇于1980年7月被省政府批为革命老区。

境内东南部多山，西部为河谷平原，有牤牛河、苇沙河、大泥河、香水河4条主要河流。自然资源丰富，全镇实有耕地191 310亩，林地面积2 200亩，森林覆盖率7.2%，水利灌溉控制面积127 500亩，占耕地面积的65%。有各种拖拉机1 048台，配套农具642台，农业机械总动力2.13万千瓦，年机耕面积19万亩，

"两荒"开发面积3 000亩，植树造林面积2 400亩。

经济以农业为主，重点发展"两高一优"农业和特色农业。主要农作物为水稻、玉米、大豆。单产532公斤，总产量101 764吨，其他有畜牧业，大牲畜及猪、羊、禽等。特色养殖有貉子、狐狸、林蛙、山鸡、熊、鹿等。林业有极大发展，造林绿化145万棵。全镇有中型水库3处，塘坝70座，拦河坝3座，小型补水井230眼，机电井96眼。有输水干渠2条，支渠63条。养鱼水库108座，鱼池24处，养鱼水面2 450亩，养鱼专业户152户，水产品收入63万元，占农业总收入的13.5%。

多种经营项目逐步增多，效益大幅度增加。全镇棚菜面积发展到300万平方米，可收入450万元。两瓜（西瓜、甜瓜）种植收入300万元，种植蔬菜年收入10万元，草柳编织是逐年发展起来的新兴产业，年收入50万元。从事采集人数逐年增多，采集人参、五味子和山野菜、食用菌人数达6 000人次，收入达100万元。全镇发挥资源和地缘优势，乡镇企业初步形成八大生产线格局，即以生产红砖为主的建材生产线；以水稻加工为主的稻米加工生产线；以农机具修造为主的机械修造生产线；以木制品为主的木材加工生产线；以承包工程为主的建筑生产线；以采石挖沙为主的矿产生产线。全镇有800多家个体私营户，年产值超亿元，利税超1千万元。农村经济总收入18 003.5万元；农民人均纯收入16 100元，农民储蓄6 000万元。建设美丽乡村作为农村工作长久之举，加强基础设施建设，提高农村管理水平；把脱贫攻坚作为农村工作重中之重。小山子镇与市委包扶部门共同努力，全镇24户、41人实现脱贫。为贫困户送去资金，送去技术，带给他们的劳动致富脱贫。

冲河镇

镇政府所在地冲河村，位于市政府所在地五常镇东南部73

公里处，北与小山子镇搭界，南与沙河子镇接壤，东与尚志市为邻，西与龙凤山镇相连。境内交通便利，有17个班车、25辆小客车、75辆出租轿车出入，日平均客流量达1 100多人次，有水上客船往返于冲河至龙凤山水库之间，年游客量达万人以上。区域面积为1 423公里。2018年，全镇辖11个村，61个村民小组，42个自然屯，有8 376户、30 215人。

境内多山多水，风景秀丽，生态旅游潜力很大。冲河镇西有龙凤山水库，南有七峰山、吊水湖及黑龙江省第一高峰大秃顶子山。石人沟、虎跳崖，南城子、北城子为金元时期文化古城——冷山地区。开发旅游景点，建设水上乐园、构筑冰雪世界成为冲河镇经济发展的巨大潜力，开发前景十分可观。境内还有簏青山、青顶子、大锅盔、二锅盔、四平山、九十五顶子山等。有牤牛河、冲河、小黑河、响水河、大石头河等大小河流20余条。野生动物资源丰富，有鹿、獐、貂等珍稀动物。由于生态环境一级保护和改善，濒临绝迹的东北虎已见踪迹。有人参、平贝、鹿茸、熊胆、田鸡等名贵药材远销于省内外。木耳、元蘑、榛蘑、猴头蘑、山里果、山野果等山产品取之不尽。史有金冲河之称。全镇耕地面积116 910亩，林业面积4 026亩，有大、小干渠16条，拦河坝11处，塘坝174处，水库315处，大、小补水井178眼，农田灌溉面积90 000亩。有大中型拖拉机52台，小型拖拉机192台，手扶拖拉机1 578台，农用三轮车473台，脱粒机10台，打稻机652台。"两荒"开发面积31 000亩，植树造林300亩。

经济以农业为主，重点发展"两高一优"农业和特色农业。主要粮食作物是水稻、玉米和大豆。粮食作物播种面积115 980亩，亩产450公斤，总产53 031吨。水稻单产521公斤，总产42 672吨；玉米亩产500公斤，总产6 720吨；大豆亩产167公斤，总产4 987吨。畜牧业坚持"以农养畜、以畜促农"的方针稳步发展，全年大牲畜存栏8 440头（匹）。生猪存栏6 580头、羊1 800只，家禽30 000只，兔2 280只，养蜂560箱。

多种经营向特色方向发展，多元化基地已形成规模。种植业主要是棚菜和药材及食用菌，棚菜专业户23户。药材种植专业户1 225户，种植面积500亩，主要药材有平贝、黄芪、天麻、党参和五味子等。有食用菌栽培专业户130余户，主要是木耳和鲜菇。年收益200多万元。有养鸡专业户6 800户，饲养量3万余只，养鹅专业户5 600户，饲养量28 000只。特色养殖业发展迅速，主要有乌鸡、野鸡、火鸡、珍珠鸡、野鸭、鸳鸯、鸳鸯鸭、孔雀、雁、貂、貉子、狐狸、水獭等。采集业规模较大，每年出动人员几千人，年收入180万元。

美丽乡村建设投资10万元完善冲河大桥西侧景观广场2 200平方米场地及设施。投资50多万元修筑小向路至石河屯混凝土路1.5公里。投资200多万元对冲河供电线路进行升级改造，工程全部完工。投资150万元建兴国村北城子屯自来水工程。全镇各村投资110万元，修补砂石路、田间路55公里。投资189万元建冲河小学教师宿舍楼（二层）1 050平方米。

精准扶贫，稳步推进，贫困对象都确定市镇干部对接脱贫项目，按照"三四三"扶贫规划，制定脱贫计划，直接脱贫。本镇于1980年7月被省政府批准为革命老区。

沙河子镇

镇政府所在地沙河子村沙河子屯，位于市政府所在地五常镇东南85公里，东临海林市，南与吉林省敦化市和蛟河市交界，西与吉林省舒兰市接壤，北靠向阳镇和冲河镇。交通便利，过往班车26次，雪乡公路途经境内23公里，贯穿全境寒小公路是镇内主要公路，全长51公里。区域总面积为1 606平方公里。全镇辖13个村，54个自然屯。总人口3.6万人。

境内属中山区，南北狭长，东、南、西三面多是大山，有丰富的森林资源，森林覆盖率达88.75%。千米以上高山达7座，其中大秃顶子山海拔1 690米，是五常境内最高点"三巨擎"之一，凤凰山、磨盘山、历母山风光秀美、远近闻名。北部土地较平坦。拉林河发源境内张广才岭西麓，有大石头河、西沙河、大柳树河、小柳树河等河流数十条。野生动、植物资源丰富。园林面积1 220亩，林地面积300亩，草原面积1 020亩，水面265亩。有大型水库2座、小型水库3座，塘坝83个，拦河坝7个，提水站2个，小型补水井123眼，大型机电井一眼。有各种拖拉机1 600台，配套农具718台，农业机械总动力2.1万千瓦，年机耕面积9.7万亩。"两荒"开发面积2.8万亩，植树造林2 800亩。

经济以农业为主，重点发展"两高一优"农业和特色农业。主要作物是水稻、玉米、大豆。耕地面积117 643亩，单产356公斤，总产38 192吨。水稻亩产370公斤，总产23 525吨；玉米亩产447公斤，总产10 253吨，大豆亩产186公斤，总产3 701吨。畜牧业发展迅速。全镇大牲畜存栏6 329头（匹），猪存栏6 000头，山羊3 000只，家禽75 251只，养蜂400箱。畜牧业总产值实现330万元。

多种经营发展较快，全镇有人参种植专业村一个，种植面积15万亩，年收入17万元；木耳苗专业种植村一个，年生产200万袋，收入200万元。平贝栽培25.5亩，收入52万元，养蜂专业村一个，养殖400箱，收入25万元；各类瓜果蔬菜种植面积795亩，年获利470万元；草柳编织活力25万元。乡镇企业中采石、制砖、采砂、制米、农副产品加工等行业效益较为突出。全镇共有各类行业64个，从业人员520人，年实现产值30 744元，年净利润总额901万元，实现利税1 190万元。农村经济总收入15 238.3万元，农民人均收入16 000元，农民储蓄10 300万元。

境内旅游业兴旺，历母山寺庙每年接待游客5万人次；磨盘山漂流接待游客10万人次；凤凰山国家森林公园，年接待游客150万人次。

全镇农村经济全面发展，境内有各类民营个体经商户300余户，营业额达1 200万元。全镇有大型运输车1 950台，轿车800台，摩托车9 000辆，全镇各村都安装有线电视，覆盖率达95%以上。镇内有中心小学一个，在校生1 800人，中学一个，在校生670人，中、小学在五常全市都排在前列。全镇人均纯收入达1.7万元，储蓄存款月超过3.6亿元。本镇于1980年被省政府批准为革命老区。

向阳镇

镇政府所在地建国村向阳山屯，位于市政府所在地五常镇东南部，距市区50公里。南同吉林省舒兰市金马镇隔河相望，西与山河镇、北与杜家镇相邻、东南和正东与沙河子镇、龙凤山镇接壤。区域总面积为361.2平方公里。全镇辖17个村，73个自然屯。全镇总人口3.8万人。

境内东和东南高，西和西北底，东南部属张广才岭余脉，境内最高峰摩天岭海拔635米。西部和西北部属漫岗丘陵，中部为河谷平原，是山区向平原区过渡地带。拉林河流经镇南，是吉林省舒兰市与黑龙江省五常市的分界线，境内多山多水，林业资源、矿产资源、水力资源丰富，素有"银向阳"之称。全镇有耕地面积113 914亩，林地面积9 908亩，水面58亩，与各种拖拉机982台，农用排灌机械233台，农用水泵430台，农业机械总动力1.52万千瓦，各种配套农具869台。镇内有水田8万亩，4个灌区管理站的渠道，承担着7万亩水田灌溉任务。有小型水库9座，塘坝、泡泽349处；向阳镇地处拉林河中上游，大部分水田属于自流灌溉，共有583处提水泵，小型补水井110眼。灌溉面积80 250

亩，水土保持面积2 250亩。

经济以农业为主，重点发展"两高一优"农业和特色农业。主要农作物是水稻、玉米和大豆。粮食作物播种面积113 914亩，亩产463公斤，总产52 642吨。水稻亩产500公斤，总产40 148吨；玉米亩产500公斤，总产10 234吨；大豆亩产166公斤，总产2 095吨。有黄牛存栏8 700头，生猪1.6万头，羊3 000只，鸡8万只，鸭5 000只，鹅8 000只，养蜂150箱。多种经济动物养殖有山鸡、野猪貉、狐等。有养鱼水库8座，鱼塘14个，养鱼池3个，养鱼水面1 200亩。水产品收入96万元。有蔬菜大棚、温室123栋，年收入150万元，两瓜年收入52.5万元；果树1 050亩，年收入500万元；草莓120亩，年收入40万元；平贝1 000亩，年收入820万元。养殖业成为农民增收致富的主要项目，有养猪一条街，黄牛屯，肉鸡、蛋鸡大户，封沟养蛙，封沟130公里，收获林蛙25万只，产值150万元。全镇山野菜蕴藏量510吨，每年从山上采集回来100吨以上。全镇外出人员11,195人，其中国内10 665人，出国530人，劳务收入1.3亿元。

全年农村经济总收入18 488.9万元，其中农业收入16 278.9万元，林业收入54万元，牧业收入521.3万元，渔业收入113.7万元，工业收入242.3万元，建筑业收入132.2万元，运输业收入210.4万元，商饮服务收入936万元。服本镇于1980年7月被省政府批准为革命老区。

二、其他乡镇简介

五常镇

是五常市政治、经济、文化和交通中心，镇政府坐落在葵花大街235号。境内交通方便，拉滨铁路从镇西通过，203省道、222省道公路穿境而过。五常镇辖区面积86平方公里，建城区面积36平方公里。镇辖11个行政村，10个社区居民委，121个居民小组，总户数65 175户，总人口234 190人，由汉族、朝鲜族、满族、回族、蒙古族等11个民族构成。有耕地73 829亩，塘坝73座，农田光改井145眼，农田灌溉面积4.1万亩，有各种拖拉机878台，配套农具670台，农业机械总动力1.57万千瓦，水产养殖面积1 356亩，集体用地面积3 276千亩，森林保有量控制在218.4公顷。

美丽乡村建设点面结合，美丽乡村建设取得新成果。按照"一路四点，二十六个重点屯"的美丽乡村建设规划，五常镇投入294万元，硬化道路4 500米，整修砂石路6.9万米；投资28.2万元，硬化路边沟2 100米，投入12.15万元，绿化道路13条，3 440米，栽植13 600株树。充分发挥休闲广场、志愿者协会和十星级文明户评选活动的作用，丰富美丽乡村建设内容。

招商引资取得新成效。万宝中小企业园区五米常香股份有限公司引进深圳市合作，在万宝山兴建深圳电商物流交易平台，该项目将投资1亿元，占地面积6万平方米。计划2017年开工，年底投入使用。

精准扶贫 五常镇对67户126人的贫困对象，采取因户施策，底层精准扶贫措施，就业扶贫安置6户，产业扶贫吸纳8户、社会援助35户。确保实现"三四三"扶贫规划。

拉林满族镇

位于五常市政府驻地西北48公里处。东与八家乡接壤，西邻红旗满族乡，北靠牛家满族镇，南与背荫河镇和营城子满族乡搭界。面积155.75平方公里。拉林镇历史悠久，始建于辽金时代。清代在此设立拉林仓，后改为拉林协领，民国时期，是双城县第八区所在地。伪满时为拉林县拉林街。1947年经中共松花江省委批准成立拉林县，是县人民政府所在地，1956年并入五常县。

1958年为拉林镇人民公社，1983年取消公社体制恢复拉林镇。1986年经省政府批准成立拉林满族镇，2001年3月与双桥子满族乡合并为拉林满族镇，现辖13个行政村、五个社区，25个居民委员会。人口52 528人，耕地面积183 225亩，主在玉米、大豆和蔬菜等经济作物。镇坑经济发达，拉滨铁路贯穿南北，102国道横贯东西，拉五公路由镇内起点伸向五常市，拉双、拉蜚及通往周边乡镇公路形成密集公路网。镇内给排水设施齐备，白色路面四通八达，有线电视覆盖全城；有高级初级中学2所，小学4所；二级医院10个，一级医院2所，有水泥厂、白酒厂、啤酒厂等多家生产加工企业；商业、交通运输业、餐饮服务业、金融保险业等，各业齐全，均衡发展。

城镇建设稳中求进，镇内顺天府大街排水管网工程完成勘察设计，改造政府广场，新建和平广场。加强城管队伍建设和城镇日常管护，加大环卫监督力度，逐步构建功能完善、和谐宜居的生活环境。

招商引资稳步推进。北京圣夏阁装饰工程公司黑龙江分公司计划投资5 000万元建设装饰工程公司，达成合作意向。旅游产业新添亮点，副都统衙门建设已完工，将对外开放。西黄旗设施蔬菜基地满族风情园建设为集有机蔬菜采摘、满族民俗活动和特色饮食文化于一体的休闲旅游新景点、多次接待国家、省市领导视察，得到领导的认可。

党建工作，党的建设不断加强。1.强化责任意识，以上率下抓党建。2.突出载体建设，务实创新抓党建。3.务必服务保障，围绕发展抓党建。4.强化党员教育，提升素质抓党建，提高党员干部党性修养。

山河镇

位于黑龙汇省南部，与吉林省交界，是吉黑两省接合部的集贸居集镇，是国家建制镇、哈尔滨市20强镇、省一百个试点乡镇之一。境内有溪浪河、拉林河、石头河三条主要河流，雪乡公路、哈吉公路、山榆公路和拉滨铁路贯穿全境。全镇辖区面积160.4平方公里，建成区面积5.4平方公里，全镇共管辖6个社区和13个行政村，97个自然屯，全镇总户数39 575户，总人口102 111人，年财政总收入3 170万元，粮食总产量41万吨，农民人均纯收入15 121元，农村住房砖化率78%，自来水普及率67%，有线电视入户率96%。耕地面积145 202亩，全镇有工业、商业、个体、餐饮500多家，粮食加工、木材加工、农业科技等产业初具规模。黑龙江省500强工业企业12家。十月稻田网上电商交易全国网上第一，2016年达3.5亿元。2016年招商引资企业一家，五常市禹鑫食品有限公司，投资5 000万元，占地3 000平方米，建筑面积1 180平方米，已投产。

农业生产跨越提升，继续引导农民开展合作经营、参社入股，增加收入、抵御风险，树立合作共赢的发展新理念，摒弃家庭小承包户的发展模式，建立大农业思维意识。依托"十月稻田"等民营企业的电商平台辐射全镇扩大网络营销，拓展农副产品附加值，鼓励发展农民专业合作社、家庭农场等新型市场主体，发展现代农业。

城镇建设明显改善，大力推进城镇化建设，全面实施"洁、绿、亮、黑、美"五化工程，加大道路建设，完成镇北二道街1 440米路百黑化改造，安装路灯515盏。城镇配套设施不断完善。持续推进给排水、供热管网改造、污水处理、垃圾处理等基础设施建设，不断增强公共服务能力和综合承载能力，加快新型城镇化建设步伐。

招商引资提质增效，更加注重投资拉动，多渠道开展更有实效的招商引资活动，把企业引进来作为投资主体，力争在重大项目引进来作为投资主体。投资1.3亿元，华西能源新能源热电厂完成主体工程。

精准扶贫制定计划、拿出方案、明确措施，即精准到户、到人，又从根本上改善贫困人口生产生活条件，致力创造贫困人口脱贫的良好环境，提升社会民生福祉。

背荫河镇

位于五常市西北部，牤牛河北岸。辖7个行政村，镇政府驻背荫河村。镇域东部为丘陵区，东南为半山区，西部和北部为平原区。硕大户山主峰海拔607.8米，牤牛河从山下由东向西流去。拉滨铁路、222省道公路过境。东南与二河乡隔山相望，南与安家镇一河之隔，西靠营城子满族乡，西北与拉林镇搭界，东北与八家子乡为邻，面积135平方千米，人口5 302户、24 992人，有12个行政村，48个自然屯，有耕地7.1万亩。镇驻有省和哈尔滨市所属松江电机厂等6个单位，县属事业单位18家，镇办企业十余处。境内蓝旗屯西，有1834年（清道光十四年）立贞节牌坊一座，是五常市重点文物保护单位。

小城镇建设，建设背荫河文化活动广场1万平方米，硬化镇内巷路4.5公里，硬化北入城口道路1.3公里，实施亮化工程，安装太阳能路灯50盏。对于哈五路过境段和镇内主街实现绿化美化。

美丽乡村建设高标准常态化。大力加强农村基础设施建设，以富有村为典型示范，着力实现村屯绿化、美化、硬化、净化工程，共栽植各类绿化树木45 300棵，栽植各类花卉60万株，新修路边沟8 000米，新焊制铁栅栏4 000米，实现全长管护无死角、净化美化高标准、村风民风大转变。

精准扶贫，2018年全镇共识别出贫困户80户173人，围绕市委2020年实现贫困群众"两不愁、三保障"的目标，综合运用政策、资金、帮扶等手段，全镇实现精准扶贫户50户，120人脱贫，省级贫困村蓝旗村整体退出。

2018年，背荫河镇建立各类农民专业合作社17个，有社员2 420人。

牛家满族镇

坐落于五常市最北部、南距五常市62公里，北距省城哈尔滨市区40公里。东、东北与哈尔滨市阿城区双丰镇和杨树乡、东南与本市兴隆乡为邻；西、西北与双城区青岭满族乡和东关镇接壤；北与双城区周家镇交界；南与本市拉林满族镇和红旗满族乡毗连。1985年将牛家乡晋建为牛家镇，1980年建牛家满族镇。面积188.87平方公里，耕地面积16 195.22公顷，全镇总的说是十分肥沃，土质中西部是黑土，草甸土为主，东部是白浆土和黑土几乎参半，黄土区只占微量，由于土质条件优越，在农业生产上，是五常市旱作区最好的农田，素有北方乌克兰之称，堪称五常第一粮仓。非常适合玉米、大豆、高粱等作物的种植。

粮食生产2018年实现粮食总产17万吨，全镇社会总产值实现8.5亿元，农民人均纯收入16 000元。

产业调整，绿色瓜菜种植面积逐年扩大，2018年种植面积达3万亩，按每亩增收2 000元计算，瓜菜产业带动农民增收6 000万元。全镇合作社、家庭农场、专业大户、农业企业发展到35家，土地规模4万亩，其中峰岭农机合作社达到省级规范标准，成为全市标杆。

畜牧养殖健康发展，二屯腾达养殖合作社奶牛饲养量超过900头，全镇生猪存栏3万头，肉蛋鸡20万只，貉狐特色养殖1.5万只，畜牧业总产值达6 000万元。

城镇建设持续推进。投资200万元对1.2公里华雨路进行沥青混凝土路面改造，重新铺装人行道；投资150万元安装太阳能路灯199盏，实现干道全部亮化；小城镇人居环境进一步提升，2018年，牛家满族镇新建楼房增加到49万平方米，镇区人口由1 208人增加到1.2万人。

美丽乡村建设成果显著。2016年牛家满族镇新建白色路面29.4公里，绿化道路3.4公里，棚铺精品屯建设全面改造道路、广场、供水、排水等基础设施，打造成精品屯中的精品。

精准扶贫有序进行，2018年全镇确认贫困户126户、299人，包扶对接后，精准施策，2016年省级贫困户74户187人全部脱贫。

杜家镇

位于五常市南12公里处，东与民意乡为邻、南部靠向阳镇、山河镇、西与兴盛乡隔河相望，北至杏花山与五常镇搭界，拉林河、五向公路贯穿南北，面积为145.93公里，自然资源丰富，交通方便。镇辖12个行政村，76个自然屯，11 350户，总人口36 195人。全镇地处半丘陵，半平原地区，拉林河由南部和西部边缘流过。镇域经济已形成区域化布局，基地化生产，专业化加工，订单化经营的产业化格局，主要是发展棚菜、地膜菜、覆膜黏玉米，种植西瓜、黄烟等经济作物，建立瓜菜绿色食品基地。棚室菜已达265万平方米，年创产值4 000多万元，经济作物面积达8 700亩。建立绿色食品基地，开发强化米、营养米。水稻种植以市场畅销的"稻花香"为主，占水田面积的80%。

美丽乡村建设已经形成规模，半截河子村美丽乡村建设从2014年开始，2015年被五常市评为"五带百村"示范村，2016年被评为省级示范村，三年来投资700万元，发生翻天覆地变化，由过去的脏、乱、差的一个村，变成亿元村。

农业生产喜获丰收，积极调整产业结构，实现粮食总产2亿斤，农业生产年年增收。两瓜种植面积达1万亩，每亩增收2 000

元，绿色有机水稻种植面积达2万亩。全镇合作社，家庭农场、专业大户、农业企业发展到35家，土地集约经营达到1.5万亩，其中王家屯合作社是省、国家级规范社，代表五常市接受国家、省、市检查验收。

畜牧走上健康发展轨道，引导畜牧养殖走向规范化、集约化。全镇生猪存栏3万头，肉蛋鸡20万只；2016年绿化造林50亩。

粮食生产。积极指导和服务农业生产，战胜低温、风灾等自然灾害，2018年实现粮食总产20万吨，实现粮食生产持续丰收，在国家取消玉米保护价的不利形势下，全镇发放玉米补贴共3 242万元，有效减少玉米种植者的经济损失，保护农民种田的积极性。

安家镇

位于哈平路93公里处，南接五常镇、东靠常堡乡、西挨民乐乡、北部与背荫河镇隔河相望。镇区所在地距县城15公里，交通便利，新老哈五路纵深南北，安石路横穿东西，并由哈吉铁路通过。安家镇行政区辖10个村，64个自然屯，总人口3.3万人。安家镇盛产水稻，被称为"稻都之源"，镇域有两条河，北部是龙凤山水库为发源地的牤牛河，西部是凤凰山和磨盘山水库为发源地的拉林河，在24个乡镇中独一无二。安家镇总耕地面积133 513亩。安家民风淳朴，物产丰富，安家大米闻名遐迩，素有"五常大米甲天下，安家大米冠五常"的美誉。

旅游资源。石刀山景区位于哈五路九三公里处，东依巍峨的硕达户山，西靠魅力的牡丹峰，牤牛河横贯南北，两山一水，富有北国"小三峡"的秀丽景色。据《金史》记载，传说金太祖完颜阿骨打路经此地时力斩牤牛精。景区山门，古典式建筑，上有一副对联：上联"刀劈石硪擎日月"，下联"水哮牤牛震乾坤"，大自然的鬼斧神工铸造了这座神奇的天然石刀，此刀由刀座和刀身两部分组成，座高5米，刀身高5.08米，宽0.93米，厚0.4米，均为花岗岩质地。刀身与刀座线条清晰，比例匀称，刀背依偎山体，刀刃与对岸的刀劈砬子相对应，被人称为"石刀飞峙"。历经多少年代的历史沧桑，任凭雷电的轰击，风霜雪雨的侵蚀，它却巍然耸立于牡丹峰上。

美丽乡村建设。结合五常市"五带百村"规划目标，确立"两带七村十八屯"美丽乡村的建设规划。全市美丽乡村建设11个示范村，安家镇占两个。投资500万元建双跃等五个村民文化活动室。

精准扶贫。精准扶贫工作稳步推进。按照全市扶贫开发的总体要求，安家镇实行全程点对点、结队帮扶的措施，通过精准识别，全镇共识别出51户、129人贫困人口，结合镇情实际，编制安家镇2016—2017二年精准扶贫规划，坚持四步工作法，积极谋划推进各村屯"一村一品"工程，以新型经营主体带动，扎实推进精准扶贫工作。实行市、镇、村三级保包制度，即市级领导、乡镇干部，村级干部三层包保，做到一人一卡，一人一策，一户一档。

龙凤山镇

位于五常市东南部，镇政府所在地距五常市区35公里，全镇面积434平方公里。东以牤牛河为界与小山子镇隔河相望，西、南与向阳镇接壤，北与志广乡相连。全镇18个行政村，78个自然屯，145个村民小组。人口5.3万人，有耕地21.8万亩，2018年人均收入达20 980元。

辖区内有距今24 500年的学田猛犸遗址，日伪时期建造的"康生塔"、清朝贵族于家墓。地处龙凤山镇南端蜚声省内外的龙凤山水库旅游风景区以及龙凤湖森林公园独具山水魅力，是国家AAA级旅游区。库区内由联合国大气本底观测站，北方冷水鱼繁育基地。龙凤山镇享有"鱼米之乡"之美誉，是"稻花香2号"优质水稻发源地，是水稻生产大镇。全镇成立260家水稻种植、养殖专业合作社，其中"十万人家"水稻种植专业合作社作为全镇合作社的领导企业，吸收周边500多户农户入社，稻花香大米线上线下同步销售。

全镇两荒造林1 150亩，大牲畜存栏8 700头，畜禽存栏19万只，中小型养殖场7家。全镇购入大中型农机具1 300台套，农机保有量7 860台套。

通过精准识别，全镇确定贫困户278户326人。通过产业带动，干部帮扶，社会救助等方法，确保龙凤山镇2019年底141户全部脱贫。

美丽乡村建设，创造舒适宜居环境。投资103万元实施生活垃圾转运项目，购置垃圾运输设备，设置垃圾箱，增加清洁工，实现全天候保洁。将美丽乡村建设重点放在治理环境、美化环境工作上，几年累计出动大型机械8 000多台次，人工15 000人次，清运垃圾16 500立方米、柴草垛出屯60垛。整修路边沟、树台35 000延长米，栽树6万棵，种植花卉20万株，粉刷栅栏4 900米。

民生法治建设。优化发展环境，全力推进民主法治建设。落实好信访工作责任制，充分发挥信访网络功能作用；发挥人民调解委员会的功能，加强社区矫正工作力度，增强人民群众安全感；净化社会风气，组织安监站、加大安全生产监管力度。几年来没有发生安全生产事故。

民乐朝鲜族乡

地处五常市西北17.5公里处，全乡6个行政村，24个自然屯，人口1.3万人。全乡耕地面积52 065亩，拉林河、牤牛河两水系环绕境内，满足全乡水稻自流灌溉需求。肥沃的土质，独特的栽培技术，多年的科技投入，有机水稻工程已成规模，辖区内所有村屯都被定为有机水稻生产基地，民乐大米以其口感好、色泽佳、品质上乘畅销全国各地，中共十六大用米就出自民乐，所以民乐大米，又有"贡米"之称。民乐朝鲜族乡辖区内有铁路贯穿全境、政府所在地距哈五路1公里。乡内共有21家企业，随着招商政策不断深入，企业通过转制、租赁、盘活等形式逐步从困境中崛起，把黄金地段低价转让租赁，厂房建筑简化审批手续，所需费用能免则免，不能免按最低标准收取。有现代化通信条件，中国移动、中国联通网络覆盖全境、数字电视网络进入各村屯，自来水工程2003年末竣工，各项事业有序发展。依托朝鲜族乡特有的亲缘关系，劳动力转移方向递进，形成劳动力品牌，拓宽农民增收渠道，人均收入达20 838元位居全市第一，加快全面进入小康社会进程。民乐朝鲜族乡被国务院评为全国民族团结进步集体。

农村经济取得突出成绩，订单面积4.3万亩，占全乡水稻面积的90%，墨绿色无公害水稻种植面积38 000亩，占全乡水稻面积的79%，在册合作社210家，全乡农村总收入1.94亿元。

基础设施进一步完善，累计投入400多万元，新、改、扩建乡村道路10公里，安装路灯240盏，实施特色居民改造175户，自来水管网进屯率达96%，村民居住条件明显改善。

通过精准识别，全乡认定贫困户12户16人，扶贫工作实行全程点对点，结对子帮扶的措施，发挥贫困群众主体作用，吸纳贫困群众参加各类合作社入股的办法，精准扶贫工作扎实推进。

通过环境整治，全乡六个村全部晋级为省级"环境优美村"，正在积极申报国家级"美丽乡村示范村"。

营城子满族乡

位于五常市北部，距五常城区33公里处，北距哈市70公里，北靠拉林，西接红旗，东搭背荫河，南望安家民乐，西南隔河为吉林榆树，是两省（黑、吉）、两河（牤牛河、拉林河）、两路（哈五路、黑大路）交汇之地，交通便利，水系丰沛，区位优势明显，为哈尔滨一小时经济圈和五常市半小时生活圈。面积112平方公里，辖7个行政村，其中满族村5个，汉族村1个，朝鲜族村1个。总人口7 205户，30 126人，其中，满族占62.5%。耕地总面积123 456亩，其中水田80 000亩。

营城子满族乡继续弘扬"坚毅自强、敢为人先、淳朴厚道、勇于担当"的营城子工作作风，荣获黑龙江省生态省建设领导小组办公室、黑龙江省环境保护厅颁发的"省级生态乡镇"奖牌。

营城子满族乡成立各类专业协会60个，各类专业合作社45个，订单农业快速发展，打造营城子稻米"小众品牌"，绿色有机水稻生产初具规模，农民收入稳步增收。

按照美丽乡村建设总体要求，加强环境建设，种植金光菊3公里，栽种彩叶草、孔雀草、玻璃翠、鸡冠花等观赏花卉4万株，种植金叶榆1 100棵、塘栖200棵、丁香2 000棵、云中杨等1 000棵，打造政府所在地营城子主屯新亮点。营城子村主街太阳能路灯66盏，总投资40万元。

强化精准扶贫攻坚，确保社会事业实现新发展。实行全程点对点、结对子帮扶措施，全乡365户709个贫困人口全部实行精准包扶，形成市乡村三级包扶，建立包扶档案，一人一卡，一人一策，一户一档。2018年全乡共实现脱贫156户，332人。

努力坚持增进人民福祉，民生工程实现新跨越。营城子土地治理大项目建设工程，该项目涉及6个村，总投资7 000万元。按坎上和坎下分为一期和二期两个项目区，在一期工程建设的基础下，二期工程进展迅速。修建农道23条，52公里，修建白色硬化路面5条。

红旗满族乡

位于五常市西北60公里，东临拉林镇，西接双城区单城乡，南靠吉林省榆树市，北连牛家工业开发区。黑大路在乡境内通过，拉双路贯穿东西，交通非常便利，全乡村公路硬化率100%，屯公路硬化率达85%。行政区划总面积209平方公里，下辖12个行政村，67个自然屯、总人口43 430人。全乡自然资源丰富，耕地面积26.1万亩，水田3万亩，天然草场，泡沼近万亩。年产优质玉米15万吨，绿色有机稻米3万吨。2018年全乡社会总产值7.9亿元，粮食总产29万吨。畜牧业是乡传统产业，全乡黄牛存栏2 000多头，家禽存栏20万只，生猪一万多头，全乡畜牧业总产值2.4亿元。农民人均收入16 851元。

农业生产以市场为导向，以资源优势为依托，以农民专业合作社和种田大户为示范，大力发展两瓜，露地菜、铁扫帚等特色种植产业，不断调整农业种植结构，最终达到农业增效、农民增收、农村富裕的目的。新建农业物联网监测点4个，发展农民手机终端150人，实现农业管理智能化，服务精准化，农民答疑解惑便捷化，农业指导科学化。

新农村建设有序进行，全乡12个村有8个村建设标准化村级活动场所，有5个村17个屯安装自来水，解决了人畜饮水安全问题。

美丽乡村建设，对全乡12个村67个自然屯环境卫生整治进行全面安排部署，对此项工作进行强力推进和落实，取得了一定效果。

认真开展扶贫开发工作，通过调查和民主评议等方式识别贫困户319户，贫困人口727人，完成各户基本情况信息登记，为实现精准扶贫，早日脱贫奠定基础。

民生事业 认真落实新型农村合作医疗、大病救助政策，切实解决农民"看病难、看病贵"的问题。全面落实低保户、无保户、老年人、残疾人等各项优抚救助政策，努力为全乡弱势群体的正常生产生活提供基本保障。村两委调查和民主评议等方式识别贫困户319户，贫困人口727人。中小学办学条件不断提高档升级，各项排名在全市教育系统位居前列。公安、供电、金融、电信、供销等民生保障工作都取得长足进步，为全乡的整治稳定、经济发展和人民安居乐业作出应有贡献。

卫国乡

位于五常市东北28公里处，南邻民意、东接志广、西邻常堡，北面隔牤牛河与二河乡相望。全乡有六个行政村，44个自然屯。总人口18 019人，4 686户，耕地127 518.09亩，水田9万多亩。主要产业以优质稻花香水稻种植为主，养殖业为辅。农民人均收入18 046元。近年来，卫国乡积极发展工业企业和现代农业，制动毂厂、大仓米业、北大仓米业、蓝河粮油、金双米业等是乡级主要企业。2012年，东方集团在长安村投资兴建的智能化水稻育秧工厂成为卫国乡现代农业的亮点。2013年，五常市在卫国乡建成国家及农业高新技术示范区水稻核心区，农业发展迈上新台阶。2014年，五常农业物联网服务中心在小石庙子屯建成投用，乡现代农业走在全市前列。

2016年，形成卫国乡五年经济发展规划，重点实施"生态立乡、科技兴乡、产业富乡、旅游活乡"四大措施，推进卫国乡"旅游+农业"战略，力争把卫国建成"农业文化旅游三位一体，生产生活生态同步改善，一产二产三产融合"的美丽卫国。

招商引资引进来深圳海目星科技集团有限公司来五常投资乡村旅游项目，地点在二河乡，海目星集团是一家集研发、生产、销售于一体的光纤激光加工系统高新技术企业，是苹果、富士康等世界500强企业的优秀供应商。项目总投资8 000万元，分三期进行。还引来黑龙江龙佳农业有限公司落户卫国，投资"旅游+农业"产业；与深圳神州行旅行社、哈尔滨天马旅行社、哈尔滨江山旅行社合作，开展稻乡观光旅游合作。

美丽乡村建设，重视生态，改善环境，开展全境绿化美化，实现卫生环境"四五四有"，即"无柴草垛、无垃圾堆、无污染物、无臭水沟"；屯、乡有督察组、村有工作队、屯有垃圾场、户有垃圾坑。

班子队伍建设　开展"驻村工作日"活动，班子成员和干部每月至少两天驻村工作，做到"五个包保""十个必谈"。通过这些措施、对村屯情况摸实摸透，促进工作，加强与群众的沟通联系，干部队伍更加亲民务实。

常堡乡

位于五常市政府所在地15公里处，东临卫国乡，西接安家镇，南靠民意乡，北连二河乡。区域总面积123.4平方公里，耕地面积142 823.92亩，下辖7个行政村，50个自然屯，全乡5 705户，总人口20 837人。交通便利，南北贯穿的五二路，东西畅通的安石路，水泥板路路面平整宽阔，夏天绿树成荫，鲜花开放。村村通公路直到百姓家中。

招商引资。2018年成功与哈尔滨成美塑编包袋有限公司签约。落户牛家工业园区，当年引进，当年开工建设。以情招商、主动上门洽谈，最终杨国福麻辣烫餐饮服务有限公司决定在常堡乡中华村投资5 000万元，拟建设总占地面积24 000平方米的快餐米饭、大米面条生产线，年预计产值9 000万元，利税400万元，解决当地农民就业500人，同时，成功引进五常市奇汇食品有限公司，在常堡乡中华村及时开工，达产见效。

精准扶贫，常堡乡精准扶贫户161户，372人，建档立卡，制定帮扶计划，协调市里的扶贫部门，找资金、寻项目，按计划完成脱贫攻坚任务。

新农村建设，在突破经济工作的同时，同步推进农村基础设施建设。1．重点打造新农村建设示范亮点；2．大力实施农村饮水工程建设；3．环境整治成效显著；4．农业基础设施建设步伐加快。

小城镇建设，利用市里重点打造安石路的有利契机，市里相关部门大力扶持，对常堡乡政府所在地常堡村街内进行彻底改造，3个出城口打造种植花卉260平方米。常堡村内新城支线常庄公园建设工程结束，建休闲凉亭4个，铺设步道板660平方米，栽植云杉、垂柳等14种树6 500株，排水沟标准化近1 500米。此处休闲娱乐场地为常堡乡又一大亮点。

党建工作扎实开展"两学一做"学习教育，把党章党规和习近平总书记系列讲话，特别是对黑龙江省的两次重要讲话作为党员干部的行动指南，层层加压落实责任、全年召开4次党委会议部署党建工作，3次专题会议研究党建工作，班子成员深入基层调研指导50余人次。

兴盛乡

位于五常市西南方向，距五常市区10公里。位于溪浪河西岸，北向和西面与吉林省榆树市接壤，南面与长山乡相邻。辖区面积176平方公里。属丘陵地带，土质肥沃，兴长公路贯穿南北。交通便利，四通八达。全乡辖8个行政村，79个自然屯，8 126户，29 000多人。耕地200 700亩。党委政府注重小流域治理，全镇正达到宜林则林、宜草则草，大力发展畜牧业生产，特色养殖已具规模，劳务运输、剩余劳动力的转移，经济合作社组织发展迅速，效益较大，老山头自然荷花和自然景观怡人，每年都引来很多游人，具有很好的发展前景。绿色优质水稻生产在农业中起着主导作用。自然保护和水利基础设施齐全、配套。农业生产有很大后劲。

新农村建设。2018年6月，党委政府筹措资金、勤俭办事、硬化辛家村道路3公里，腰贡村通屯道路3公里，九莲村投资150万元，修建通屯路11公里，修建政府楼前广场2 000平方米。争取10万元资金修建炮点一座。全乡共栽山桃树、金叶榆2 600棵，绿化沟岗于屯道路3.5公里，栽人中杨树1 200棵。兴建中学宿舍食堂综合楼一栋投入使用。

项目建设。九莲村抓住土地整改项目。改进耕地面积3万亩，硬化道路16公里，建3 000平方米以上晒场4个。农田道路全部砂石化，直线沟渠全部清理，合理设计明沟和暗渠；2016年完成项目规划招标工作。

精准扶贫，做好工作，经过一系列的工作，全乡脱贫172户279人。

党建工作。加强党建工作，干部队伍战斗力明显增强。扎实开展"两学一做"学习教育，把党章党规和习近平总书记系列讲话作为党员干部的行为指南。制定"党建工作任务分解表"，各党支部签订党建工作承诺书，层层加压落实责任。全乡召开4次党委会议部署党建工作，3次专题会议研究党建工作，班子成员深入基层调查指导50余人次。

二河乡

位于五常市东北部25公里处，东与五常市志广乡，北与八家子乡接壤，南与卫国乡、常堡乡隔河相望，西与背荫河镇为邻，东北与阿城区、尚志市毗邻，乡域平均横长9公里，纵长35公里，总面积317平方公里。龙凤山水库下游牤牛河流域贯穿全境，辖7个行政村，36个自然屯。二河乡林地面积222平方公里，既有天然林地，又有人工林地，森林覆盖面积70%，富有100余种珍稀林木，特别是东北椴树林木，有一定储蓄量，是东北野生椴树蜜主产地。二河乡境内水资源丰富，有牤牛河、头道河、二道河、三道河、四道河。二河乡属浅山区，东靠蛤蟆石山，西依硕大户山，属张广才岭外延支脉。常用耕地14万亩，其中水田9万亩，地下草资源丰富，储存量约4 000万立方米。建成区环境优美整洁，地表水环境质量，空气环境质量均达环境规划要求，境内所有交通道路绿化率100%，二河乡人口2.1万人，二河乡以"重两建、抓招商、重生态、抓旅游，全力打造二河旅游名乡"为战略目标，积极进行美丽乡村建设，全面发展有机稻米产业，实施内引外联，优势互补，资源整合，强强联动，合作增收，持续发展门径，全面提高二河乡农村经济生态效益。

经济总量持续增长。2018年全乡社会总产值7.02亿元，粮食总产量15万元，农村人均收入19 692元，实现劳务收入1.46亿元，绿化造林454.9亩，较好完成预定目标。农民产业合作社、种粮大户、农业企业经营立体发展到100多家，以新庄农民专业合作社为牵引，真正进入实体运营的近20家，与农户签单近3万亩。

2018年，精准扶贫做到组织责任精准，培训指导精准，操作程序精准，贫困识别精准，操作程序精准，公正公平精准，建档立卡精准。

美丽乡村建设。二河乡植树绿化工程抢前抓早，春季绿化造林，投资近百万元，重点绿化二河乡街内、各村文化广场，形成高低错落、乔冠结合的绿化林系。2016年，二河乡投资235万元，建设总计5.88公里的水泥白色路面，二河乡街内将原来用电路灯全部更新为太阳能路灯160盏。

八家子乡

位于五常市北45公里处，东临阿城区小岭镇，西接拉林镇，南接背荫河镇，北接兴隆乡。乡政府坐落在八家子村，面积244.5平方公里，有13个行政村，76个自然屯，总人口31 646人，境内北通沟有金太祖完颜冕墓。乡所在地东门外有解放八家子时牺牲的烈士墓220座，有清光绪初年的石碑一座。交通以公路为主，距背荫河火车站的铁路线仅8公里。经济以农业为主，重点发展种植业和畜牧养殖业。全乡耕地面积19.2万亩，经济作物1万亩，黄牛存栏0.9万头，生猪存栏1.5万头，山绵羊存栏2 150头，家禽存栏13万只，2016年农民人均收入16 704元，全乡农业总产值4.06亿元。

乡镇经济快速发展。2018年粮食产量达2.8亿斤，陆地、棚室菜种植大户达160余户，种植面积4 000亩。2016年全乡机械整地面积15万亩，机械播种面积达18万亩，全乡有大中型机车1 100台套。大力发展家庭养殖业，全乡生猪存栏1.5万头，黄牛存栏0.9万头，山绵羊存栏2 150只，畜禽养殖存栏10万只，各类养殖大户30余家。宇航兔业扩大养殖规模，年出栏兔业扩大养殖规模，年出栏兔可达2万只；生态养鹅成为八家子乡新兴产业，全乡建成5个1 000只土鸡生态养殖场，年产生态蛋二万余斤。成立各类种植养殖专业合作社80余家。大力发展劳务经济，鼓励农民向农业和农村以外转移，发展劳务经济，全乡实现劳务收入2亿多元。2016年全乡劳务输出6 000余人。

社会事业，中小学争取资金500余万元新建了学生宿舍楼，康家炉村投资230万元新建了2 000多平方米的校舍。全乡适龄儿童入学率100%。

小城镇建设。全乡投资8万元，加强了八家子村街内环境卫生治理；投资200万元完成八家子乡街内巷道的硬化。投资50万元安装路灯新建文化广场，为百姓提供休闲娱乐场所，丰富百姓的业余文化生活。

兴隆乡

位于五常市政府所在地北60公里处，面积208平方公里，下辖13个村，116个自然屯，总人口40 955人，耕地239 466亩。主要产业结构是稳步发展粮食经济，大力发展畜牧业，有规模黄牛养殖户二户，其中世涛牛业规模为饲养、屠宰、冷冻销售一条龙产业；创新发展特色经济，红兰旗村巾帼蔬菜基地棚室反季蔬菜、应季露地菜形成规模，新建大型恒温保鲜库。品牌大米通过微商销售全国各地。2018年全年实现生产总值4.8亿元，农业产值3.3亿元，粮食总产3.3亿斤，人均收入12 800元，

在发展畜牧经济方面，兴隆乡做到科学养殖全覆盖，达到黄牛8 600头、生猪32 000头。发展特色经济方面，兴隆乡以哈市所提出的发展战略为核心，为多村开辟面积达2万亩的蔬菜种植区，在劳务经济上，推动万人以上人员外出务工，为全乡收入人均增加2 500元以上。

环境治理多措并举综合治理环保问题。全乡美化、绿化投入700多万元，在拉蜇路两侧和3个村屯两侧道路全部绿化，修建绿化带1 000米，栽树3 000余棵，栽花1万余株。全乡白色路面两侧完成花、树、边沟建设。全乡投入80多万元进行亮化工程建设，亮化路灯246盏，美丽乡村建设工作取得骄人成绩，

基础设施建设 改善全乡交通环境，全乡硬化道路10.6公里，全乡维修砂石路面30公里。投资2 600万元安装自来水，使兴隆乡11个村4 500多户百姓放心地引用安全水，极大地改善人民群众的生活质量。

社会事业。兴隆乡为"平安兴隆""幸福兴隆"做出诸多社会事业的工作。在教育事业上提高小学、初中的入学率，使兴隆

乡在全市农村升入重点之中的人数排名第一。多媒体进入家门，全乡2 800户居民安装有线电视，宽带入户超过2 000户。信用、电业、供销、邮政等乡直单位都为乡城经济的发展和社会进步做出应有的贡献。

志广乡

位于五常市东30公里处，东靠小山子镇，西接民意乡，北面靠国营第八林场，南与龙凤山镇相连，面积256平方公里，9个行政村，63个自然屯，总户数6 849户，人口总数为24 872人，有耕地21万亩，其中水田16.9万亩，全乡水田面积及产量居全市第三位。特种养殖：貉子养殖950只，野猪养殖110头，全乡大型制米加工企业10家，新引资500万元建成秸秆回收加工企业一家。全乡有综合文化站一处。有村级文化活动中心9个，新建7 000平方米文焕广场一座，位于群力村协诚信屯，村级图书室9个，藏书5万余册。有业余摄影、书法、美术、文学、诗词业余创作队20余人。全乡9个村每个村都有卫生院（室），从业人员24人。2016年投资20余万元，进一步完善群力村文化广场建设；1980年建成志广乡电视插转台，到2009年电视入户100%；2015年完成数字化改造，2017年数字化电视入户达到100%；2016年，有客运汽车营运线路9条500多公里，其中跨市进省城客运线路一条，跨乡市内营运线路8条，年运旅客30万人次以上，货运2 000万吨。

农业生产工作成绩显著。1.推广优良水稻品种14万亩，全乡主要种植水稻品种五优稻四号，普遍使用机械化种植，农业物联网智慧平台实现农业网络在线指导。2.农田水利建设不断改善全乡灌溉条件，大大提高全乡农田水利设施建设水平。3.畜牧业发展平稳，全乡黄牛、生猪、家禽、山绵羊饲养量平稳。

精准扶贫设立办公室，成立精准扶贫工作领导小组，多次组织召开精准扶贫工作会议，探索精准扶贫新思路，召开精准扶贫电商培训会议。

党建工作 认真开展"两学一做"学习教育，领导干部带头讲党课12次，集中学习20次，认真学习习近平总书记系列讲话精神，充分学习相关材料，顺利完成乡领导班子换届，召开乡第十五届党代会和志广乡第十七届人代会，成功选举出志广乡党政班子成员及新一届党代表、人大代表。

民意乡

位于五常市东10公里处，东与志广乡、龙凤山镇接壤，北与常堡乡、卫国乡毗邻，南与向阳镇、杜家镇隔山相望。铁通公路贯穿东西，是五常市通往尚志和五常东部各乡镇的必由之路，地方道路四通八达，地理位置十分优越。所辖8个行政村，80个自然屯，5 331户，人口味23 000人。民意乡面积186平方公里，全乡耕地面积170 125亩。2014年，承担省级农业保险投保入股合作试点改革工作，取得阶段性成果。按照"有灾理赔、无灾有奖、利润分红"的新机制，实现农保模式创新、利益分配创新、保障机制创新。全乡参保面积16.34万亩，实现农民利益最大化。民营经济规模不断发展壮大，金禾、金鑫、御品香、哈尔滨花田等龙头企业快速发展。全乡水泥路面100公里，砂石路165公里。形成以铁通路为中心，南北两条环路为侧翼的交通运输网络。全乡吃自来水屯数75个，通屯率达到93%，绿化村屯20个，种植各种绿化树20万颗，全乡达到区域推进、集中连片绿化。实现绿化、美化、亮化、硬化为一体的环境格局。

农业生产稳步发展，创新新型农业经营主体，合作社、家庭农场、专业大户、农业企业四类新型农业经营主体发展到224家，土地规模经营达3.6万亩。

精准扶贫工作，脱贫攻坚取得成效，通过乡村干部逐户调查核实，精准识别，全乡确定贫困对象129户304人。针对贫困村和贫困户特点，充分发挥新型农业经营主体在产业扶贫中的带动作用，推行"贫困户+新型农业经营主体"模式。协调乡32家新型农业经营主体与129户贫困户结成利益共同体。通过订单收购、务工就业、大户带动、合作社引领等四种模式，切实有效增加贫困户收入，2018年，有26户58名贫困人口实现脱贫。

长山乡

位于五常市西南部，是农业大乡，距市城35公里。东濒溪浪河与山河镇隔水相望，西与吉林省榆树市的土桥镇搭界，南与吉林省舒兰市的平安、水曲柳二镇接壤，北与兴盛乡毗邻。五常市南环路从乡境环绕而过。地处两省三市五乡镇交界的特殊位置，俗称五常市的西南大门。面积250平方公里，总人口45 240人，有15个行政村，94个自然屯。耕地总面积202 490亩，林地2万亩，主要以旱田为主，主产玉米、水稻、大豆。长山乡产业结构发展迅速，如木耳、生猪、黄牛、黏玉米等，带动经济发展，农民增收。

农村经济，2018年，长山乡深入实施高产创建，大力推广坐滤水种等技术，实现粮食产量达13.5万吨，实现五连增，农民收入1.6万元。畜牧业生产从低谷逐步走出，肉牛生产存栏近万头，母牛存栏百头以上5户。生猪存栏2万余头。抓新型农业经济主体带动，长山乡农民专业合作社达88家，年增收近400万元。通过内引外联、给剩余劳动力创造外出打工机会，劳动力输出达4 000余人。长山乡农村经济呈现多元化发展的格局。

精准扶贫。针对全乡39户贫困户，389人贫困人口逐户逐人研究脱贫措施，市移民开发办立项投资150万元，在农兴村曹家油坊屯修建白色路面3.4千米，极大改善村民出行条件；在全国第三个扶贫日之际，市检察院出资12 600元，乡干部捐款3 500元，政府出资2 800元，为贫困户送去温暖，2018年全乡实现脱贫124

户，234人，全乡规划2019年全面完成脱贫攻坚任务。

美丽乡村建设。生态环境持续改善和优化。全年乡村投资60万元，用于改善环境建设，清理垃圾500余车，植树5 000多株，在春夏秋冬三季集中整治行动中，对全乡94个自然屯进行全面清理，通过试点，以点带面，全面推开，取得明显效果。

第二章　革命历程

第一节　抗日烽火

一、侵华日军的暴行

1934年，日本侵略者将五常县东南部划定为匪区，实行了惨无人道的"三光"（杀光、烧光、抢光）政策。归屯并户，把山里的居民赶到山外，使无数人无家可归，甚至家破人亡。1935年5月，日军三十八联队闯进了沙河子乡的四合川地区，制造了灭绝人性的"杀大沟"惨案。在飞机的掩护下，日军见人就杀，见物就抢，见房就烧，甚至连七八十岁的老人和几岁的儿童也不放过。住在石头河子屯的张万富，被日军烧了房子，全家十几口人被绑到守备队，严刑拷打后，推到高粱地里用刺刀挑死。

1936年，日军开进志广乡境内，农民李朝栋使用土枪抵抗，日军以谎言相诱，李朝栋停止枪击后，日军将李朝栋全家20余口，抓到一起，剥光衣服，一一刺死。

1937年，日军在拉林修建军用飞机场，征用了大批劳工，劳工因吃不饱，穿不暖，加之疫病流行，死者不计其数。很多民工因病不能出工，日军便严刑拷打，有的活活被投入狗圈被狗咬死。

1939年，日军修筑水电站，由辽宁省宽甸县移民到冲河张家湾村500户，3 700余人，因日军不顾人民死活，给移民盖房屋简陋，不御风寒，3年时间被折磨死去1 300余人。

1941年1月29日，日军在围攻抗联第八支队（原抗联十军）队部后，将支队长汪雅臣将军杀害，把头颅割下后，实体在五常镇大十字街进行"示众"，同时还杀害12人。

1942年，时值日本侵略者大肆宣扬"大东亚共荣圈"之际，以"共存共荣"修筑水库灌田、发电为名，从关内抓来中国"劳工"1 700多人，运到本县冲河镇的小苇沙河地区"水库工地"。中国劳工进入工地之后，在重兵弹压、工头鞭挞之下承受着繁重的体力劳动。住的是冬不御寒，夏不遮雨，阴暗潮湿的"马架子"，吃的是发霉的高粱米、苞米面、橡子面的"协和粥"。劳工冬夏如一，当牛做马。在繁重的劳逸与工头的鞭打之下，劳工衣不遮体，只得用草袋片子、"洋灰"（水泥）袋子缠身。更为惨者莫过于日本工头的折磨，劳工稍有不顺，便施以拳打脚踢，互相打"协和嘴巴"，装麻袋摔死或扔到野外。对劳累成疾不能从事劳役者，工头便强令拖到山上喂狼。劳工由于生活艰苦，劳累过度，并连续发生疫病，病者尚未咽气，日本工头便说"死了死了的"，强行拖出埋掉。到1944年冬劳工惨死者已达700余人。1945年初，日本侵略者加快施工进度，又从五常各地派了50余名劳工，日夜兼程，抢修工程。到1945年抗战胜利时，幸存者只剩下百余人。除此前被当成"政治犯"抓走下落不明者，其余全部丧生在工地上。

究竟小苇沙河是什么样的工程？因为是日军绝密，无史可查。但见到的是用了4年的时间，仅完成地下工程，足见其工程绝非一般。解放后，工程旧迹仍历历在目，残存水泥已成"泥钢"状，而白骨遍野，尸骨成堆更是惨不忍睹。

1942年，当时五常县国民高等学校校长孔庆尧，给学生讲课时，讲到"日满一德一心"时，就说："什么日满一德一心，纯粹是挂羊头卖狗肉！"讲到"皇军武运长久"时，也无所顾忌地说：什么武运长久，纯粹是穷兵黩武！不久，日军以反满抗日为由，将孔庆尧秘密逮捕入狱，被杀害在狱中。

二、老区人民的革命斗争

五常市沙河子、冲河、向阳、小山子四个镇，地处五常东南部山区，土地肥沃，物产丰饶。解放前，曾有着光荣的革命历史。日伪统治时期，抗联将领汪雅臣、赵尚志等率队抗击日军十年之久，在群众支持下，给日本侵略者以沉重打击；解放战争时期，在五常蛰伏国民党"挺进军"残匪，小山子战斗经七昼夜激战，我军一举歼灭盘踞在这里的国民党"挺进军"刘作非、刘国良、王明德、"一枝花"等几股残匪，使五常得到了全部解放。由于这个镇在历史上为驱除日本侵略者、剿灭国民党匪军，直至新中国成立付出巨大贡献和牺牲，于1980年省政府按照国务院规定的标准，批准为"革命老区"。

日军入侵后，老区是抗日斗争的根据地、游击区。

1931年"九一八"事变后，日本侵略者出兵占领了东北三省，五常也沦为日军的铁蹄蹂躏之下，他们派出大批日军官员和特务，在五常建立了伪殖民统治，从1934年陆续将大批日本移民迁入五常，侵占农民大量土地；疯狂掠夺我粮食、森林、水利等物资资源；并把分散居住在山区的群众实行归屯并户，不走就推行"三光"政策，制造无人区；日军中马大佐在背荫河建立细菌杀人工厂，所谓中马城，使许多知识分子和抗日战士被抓去杀害。

五常人民并没有为日本侵略者的淫威所屈服，在中国共产党的领导下，为了保卫自己的家园，为了争取民族独立自由，反日山林队、抗日救国义勇军等抗日武装，在白山黑水之间摆开了战场与日本侵略者和敌伪势力进行殊死决斗。以汪雅臣为军长的东北抗联第十军，在极其艰苦的环境下，以五常沙河子境内九十五顶子山为中心，活动于冲河、向阳、小山子及五常交界的舒兰、榆树等县的广阔地区。1933年8月汪雅臣率领抗日第四支队在弹药不足、武器落后、队伍仅有二三十人的情况下，勇于同凶恶的敌人（向阳山、沙河子自卫团）较量，一举歼敌40余人，活捉自卫团团长沈青山、靖天向。在抗日斗争中他们紧紧依靠群众，把握战机，袭击日军据点、重要城镇和集团部落，破坏拉滨铁路运输等。1934年，一次侦察发现铁路沿线附近的上营子炮楼有日军把守，当即发起猛攻，一举攻破了这个炮楼，击毙日军5人，缴获迫击炮1门、步枪7支、手枪5支。尤其是以后在沙河子、四平山攻打日本守备队，在长寿山追击日军及袭击冲河、山河屯日军和伪警察署等战斗中，大长了中国人民志气，大灭了日军的侵略气焰，使敌人终日惶惶不安。山河屯战斗后，伪吉林省警察厅派遣特务搜查班到舒兰的平安、五常的沙河子、向阳等地秘密调查，由于叛徒出卖，使当时支援十军作战的20余名群众惨遭逮捕和杀害。在战斗中，抗联十军经常与二军、三军、五军协同作战，打击日伪敌人。1940年春，与抗联二军五师师长陈翰章联合，攻打沙河子沈家营的日本森林采伐作业所，智擒冲河张家湾的山林警察兵，共歼灭日军26人，击毙伪警6人，打伤18人，俘虏、惩戒100多名山林警察，解放劳工130名，缴获粮食100余石和大量物资，山区人民拍手称快。

抗联十军深受拥护，至1940年队伍发展到1 000多人。据不完全统计，1933年至1940年的八年与日伪军进行大小战斗460余次，其中较大战斗40余次，共击毙日军1 003人，其中中将师团长1人；击毙伪军100余人，击伤日伪军700余人；俘虏日军20

人，伪军4人。缴获各种枪支1 800余支，其中机枪29杆、步枪1 150支、手枪5支、子弹91箱和两麻袋弹药、迫击炮1门、马25匹、牛12头；粮食100余石，现款9 000元，其他物资折合现款90 000余元。战斗中处决一名汉奸百户长，解放劳工130人和9名被押爱国者。

1941年初，军长汪雅臣率部分抗联战士在寒葱河东山宿营时，叛徒郭珍写信向沙河子日军守备队告密，农历正月初二傍晚，沙河子日军守备队和自卫团60多人，在队长尾田真治的带领下来到寒葱河子屯，正月初三拂晓敌人包围了十军宿营地，汪雅臣临危不惧，沉着地指挥战士突围，并身先士卒抄起机枪掩护战士身受重伤，终因寡不敌众壮烈牺牲，时年30岁。1946年五常解放后，人们为了缅怀抗日英雄汪雅臣将军，将沙河子镇蛤蜊河子村命名为"双龙村"，并在牺牲的寒葱河子屯石头亮子树立了汪雅臣将军纪念碑，将县城南北大街改为"雅臣大街"。

抗联第三军军长赵尚志的主要根据地在珠河县（今尚志市），但也经常在五常境内攻打日军。

抗联四军军长李延平、副军长王光宇原在勃利、依兰、方正、宝清等地进行抗日游击战事，为了开阔新的抗日根据地，沟通北满与南满两个抗日军的联系，奉命西征。他们从勃利出发，穿过300里荒无人烟的高山丛林，越过泥泞的沼泽地，克服了给养不足等重重困难，终于胜利到达五常境内。部队从小山子进军沙河子，在四平山、闫家沟、朱家街等地与日军作战20余次，消灭了大批日伪军。1938年10月李延平军长在五常沙河子磨石顶子活动时，遭到敌人重重包围，在激烈战斗中，他沉着指挥战斗，终因寡不敌众与副军长王光宇壮烈牺牲。为纪念李延平将军，人民在他牺牲的沙河子福太村西山脚下建立了纪念碑。

老区人民在历史上苦难多、贡献大。

在支援抗日战争和解放战争中，老区人民舍生忘死，倾家荡产，付出了巨大的代价和牺牲。

1934年，日本侵略者将五常县东南部沙河子、冲河、小山子、向阳划定为"匪区"，实行惨无人道的"三光"政策，使许多居民无家可归、家破人亡。1935年5月，日军三十八联队闯入沙河子四合川地区，制造了灭绝人性的"杀六沟"惨案。住在石头河子的张万富被日军烧了房子，把他绑在日本军营，连续过堂，严刑拷打，坐老虎凳，用恶狗咬，硬逼承认私通抗联。张万富宁死不招，日本军官大怒，6月19日那天中午，把张万富家21口人抓到闹腾屯日本军营（现沙河子镇供销社收购部），傍晚日落后，用一排兵力押到距军营300米处的树林里，叫张家人自己挖坑，然后日本人用刺刀将张家人一个一个刺死，埋进坑里。

1938年，在五常县建立日本开拓领馆，下设日本开拓团某部14处，从此日本集团开拓民大批迁入小山子、冲河、朝阳川等地。这些日本移民迁入后，选定农民肥沃耕地强行霸占或贱价硬性收买，然后用这些地方构筑水利工程，建造村庄部落。在开拓区内对山林实行封禁，不许中国人采伐，有的农民到开拓区捡干柴，竟被日本开拓民打死打伤；农民车马走开拓团道路，也被拓留罚款。在冲河、小山子两个老区内，当时就建立开拓团本部6个，迁入日本移民1 089户4 562人。这些开拓团从建立至日本投降长达8年之久，实行残酷经济侵略，迫使广大农民无地可耕，倾家荡产，流离失所，苦不堪言。

抗联十军队坚持在沙河子、冲河一带打击日军，有时缺给养吃不上饭，山区的老百姓冒着风险经常给抗联送粮。冲河的五里四屯有40多户人家，这些户大部分是被日军归屯并户时从山里撵出来的。他们都知道汪雅臣的队伍是抗日的，人们看到抗联战士非常亲热，帮助缝补衣服、送粮食送菜，为抗联解决生活困难。

1937年2月，山区积雪还没化净，汪雅臣带领十几个战士由山上下来，到这个屯，群众看抗联战士进屯后，急忙为他们烧水、做饭，给抗联队伍筹集粮食。

抗日游击区的群众为帮助抗联队伍消灭日伪军，许多人不顾个人安危为抗联领路、通风报信，购买用品。冲河小黑河屯张录在钓鱼时与抗联战士交了朋友，除给抗联战士买火柴、食盐、粮食等物资外，还为抗联攻打冲河警察署、自卫团带路，从南城角进去，不到两小时就把警察署、自卫团端了窝。听见抗联枪声，日本"讨伐"队不敢出来增援。缴获敌人30支大枪、1 000多发子弹和一些其他物资。

敌人遭到袭击后，日军下令叫森林警察抓抗联。伪警察抓不到抗联就把经常上山挖药的、采山果的、刨地和钓鱼的无辜群众当成嫌疑分子抓去迫害，这次把给抗联领路的杨录也给抓去了，说他是"通匪的政治犯"进行刑讯审问，他誓死不招。第二天把他送到五常警务科监狱，押了8个月，第二年春才把他释放。

三、日军掠夺粮食、森林等资源

日军在五常县十四年中，不仅在政治上欺压人民，而且在经济上大肆掠夺粮食、森林、水利等资源，残酷地迫害工农群众。尤其到1942年，日军为满足其军国主义侵吞中国和南洋群岛诸国，建立 "大东亚共荣粮" 榨契，由日系副县长角张繁亲自出马，从县公署和各机关抽调三百人，组成硬性收缴 "出荷粮独立班"，由角张繁一个人指挥，把300多人分成十八分班，开赴全县十八个行政村。按角张繁的旨意，先对精耕细作的富农高产户摸底，然后以高产户的亩产量为标准，挨门逐户增加 "出荷" 任务数，在全县农村造成了人为的粮荒，严重破坏了贫困农户 "糠菜半年粮" 的保命线。第二年一开春，人吃草根树皮，牲畜倒圈趴窝，成片土地荒芜。日军垮台的前夕——1944年秋，角张繁的独立班的魔爪张得更大，伸得更长了。强制每个农户再"出荷"一麻袋"大东亚共荣粮"，对拿不出的，一律翻箱倒柜，甚至挖地三尺，翻出来粮食全部"出荷"。这年，五常县农村发生了史无前例的大粮荒，有的农民借贷无门，活活饿死；有的全靠野菜为食，膀肿而死。日本人对死人多的甲和部落诬称"疫病区"而严加封锁，究竟死了多少人，无法统计。

就在这暗黑的年代里，日军还规定：大米是日本人的口粮，中国人吃了是经济犯罪，称"经济犯"。

日军疯狂掠夺森林资源，迫害林业工人。日军把五常县森林资源作为疯狂掠夺的战略性物资。早在1925年，日军的一支调查队就曾窜进五常县林区，对四合川一带的森林面积、树种、蓄积量等作了详细调查，并绘制了林相图。为掠夺山河屯一带森林资源做充分准备。

1936年7月，通过"伪满洲国"的实业部林业局，在五常县设立了"森林事务所"，同年10月改成"五常营林署"。它是日伪时期在东北建立的三十八个"营林署"之一。五常营林署下设"庶务科""业务科"，两科各分三个股。

日本帝国主义依仗殖民统治特权，凭借着封建把头和反动武装势力，无限制地使用廉价劳动力，用最野蛮的手段掠夺并破坏我国森林资源。仅在1938年至1941年，平均每年从五常县林区掠夺的木材就有83 000多立方米。

山上的木头营是法西斯集中营。日军在通往木头营的各条山道设立关卡。工人居住的地窖子周围，圈上一道又一道铁丝网，铁丝网外的岗楼上架设机枪，监视着工人的一举一动。

每个木头营都设有刑房，里面有老虎凳、杠子、皮鞭等刑具，散发着刺鼻的血腥味。林业工人把它叫作"阎王殿"。林区的人民中间曾流传着这样的话："木头营、似牢监，进来容易出来难。"

日军在五常县大肆掠夺森林资源，仍满足不了它扩大侵华战争的需要。1934年8月，在五常县山河屯又设立了"首岛组办事处"，主持修筑山河屯森林铁路。伪满洲国民生部的劳务司，是诱骗劳工的工具。该司派出汉奸把头组成"招工队"，在我国关内各地设了"招工事务所"。用花言巧语把破产民和失业工人骗上"闷罐车"，运到东北，供日军奴役。1934年冬，一批来自安徽、山东、河南、河北的劳工，在五常县山河屯下火车后，即被驱使修筑这条森林铁路。林区的三九天，北风呼啸，雪花漫天，透风的工棚，露肉的衣服，繁重的劳动，饥饿的折磨，使许多劳工冻死、饿死、累死在工地上。尸体被抬出工棚后，直接扔在路基下。冬去春来，阴暗潮湿的工棚内传染病流行，一个春天，就有200多劳工死去。1936年夏天，劳工棚里霍乱流行，沙河子南太平岭的筑路劳工，仅在八九天内就死亡了126人。这时，日军、伪警察便假惺惺地以"治病"为名，在劳工中进行搜查，发现"患者"，立即抬进"大病房"。"大病房，大病房，十个进去九个亡"，劳工们渐渐发现，"大病房"实际是杀人房。那里既无医又无药，是不许任何人进去的禁区。病人躺在那里饿得差不多了，就被拖出去活埋，有的被拖进大河，活活淹死。沙河子有一个农民叫王文军，一个深夜被迫出官工，日军把他推到一辆装着三十几个身上缠着道道铁丝的劳工的马车上，从上金马屯赶到向阳山的齐船口，到了齐船口日军把车上的劳工全部推进拉林河里。

随着日军侵略的步伐加深，它掠夺资源的疯狂程度也越来越甚。日军留在五常县的林区87公里的森林铁路，就是中国人用了八年的血泪和无数具白骨筑成的。真是棵棵枕木，具具白骨；层层砂石，斑斑血泪。红松原木运往日本，林区工人惨不忍睹。它是日本军国主义残酷侵略和压迫中国人民的又一历史罪证。

第二节　共产党领导下的抗日救国斗争

一、五常早期中共党组织的建立与发展

1928年11月18日，中共满洲省委通过了《满洲党目前政治任务决议案》。决议案指出：满洲党的政治任务是推翻国民党及买办地主阶段的统治，驱逐帝国主义，没收地主阶级的土地，建立民主政权，完成资产阶级革命的任务。党的工作路线是领导和发动群众斗争，壮大群众组织和斗争力量，使群众团结在党的周围。在中共满洲省委的工作影响下，五常县于1932年建立了中共地方党组织，时称"河南工作委员会"，并在半截河子、柳树河子设有党支部委员会，秘密组织民众参加抗日救国活动。

1933年初，改河南工作委员会为中共五常县委员会。据曾担任省委地下交通员的陈士清所述：1933年春季，珠河成立了中心县委，其中包括宾县、苇河、五常等七个县。当时在乌吉密、老爷岭、石头河子、苇塘沟、三段流、小山子、半截河子、帽儿山等地，都有支部或工作委员会。据时任珠河县委组织部长徐凤祥回忆：当时的五常支部书记是全东河，支部下设3个党小组。当年9月，珠河中心县委在乌吉密召开会议，宾县、方正、五常、延寿、双城、榆树、宁安、苇河各县都派出代表出席了会议，并分别汇报了各地党组织工作活动情况。

1935年3月，由于日军进行春季大讨伐，中共珠河中心县委机关转移到五常县境内的棒槌沟。县委根据当时斗争形势和工作需要，进行重改组，组建了亚布力区、苇河区委和河南（五常）

工作委员会。不久，河南工作委员会改为中共五常县委。

1936年，中共五常县委归哈东特委领导，中共五常县委随即改为五常特支委员会。这年夏天，日伪统治加剧，珠河岭南区委书记王树岐在对敌斗争中壮烈牺牲。据老党员李树堂回忆：1944年6月，在兰彩桥结识了张建华、孙良谋、宫路东等人，这些人经常探听敌伪情况和社会动态，后来得知他们都是中共地下党员。

在五常早期活动的中共党员，有本县党组织系统的，也有邻县党组织派来的，如赵锦章（又名赵天水）、李捷（又名李毅）等。除此之外，还有从朝鲜组织转入的中共党员，如方世元、田英大、李长道等，以及关内的一些党组织遭到敌人破坏后，到五常党内隐蔽活动的党员，如高长远等。党的组织系统比较健全的是五常境内坚持抗日游击活动的东北抗日联军第三军和东北抗日联军第十军，在军、团编制中，都配有做党的政治工作的干部，活动在五常境内的党组织和中共地下党员，虽然屡遭敌人的破坏，但始终坚持组织活动，充分发挥了战斗堡垒作用和模范先锋作用，为争取民族解放事业做出了杰出的贡献。

二、冯占海在五常的抗日活动

1931年日本发动的"九一八"事变，悍然侵略东三省，激起了中国人民的极大愤慨，抗日斗争的烽火风起云涌。冯占海领导的吉林抗日义勇军就是一支很活跃的抗日队伍。他们活动在当时属于吉林省的舒兰、五常、榆树、双城、宾县、方正等县的广阔地区。仅在五常县内率部与日军作战就有数次，重挫了日本侵略者的嚣张气焰，鼓舞了人民的抗日斗争。

冯占海，原为国民党东北边防军吉林副司令长官公署警卫团团长，辖步兵三个营；骑兵、炮兵各一营；迫击炮、重机枪、通信各一连。日军占领长春的第二天（9月20日），吉林副司令长官公署参谋长熙洽便有投降之意，给各军政部门长官发布命令，内称："奉谕日军侵占东北，我军应万分容忍，切勿衅自我开，中日事件由外交解决"等语，并严令驻省城各部队一律开出城外数十里待命，绝不许擅自抗击，致使事件扩大。

在熙洽投敌的真面目没有明朗之前，二十五旅遵令开往乌拉街，冯占海率卫队团开往永吉县的官马山。这时，熙洽曾三次派人到官马山，以委任吉海铁路护路司令、省城警备司令头衔为诱饵，对冯进行劝降，均被拒绝，激起了冯占海及其部下的义愤，官兵们纷纷请示抗日讨逆，冯占海针对熙洽的卖国行径，向吉林省各界发出了抗日通电："日寇侵我国土，掠我省库，杀我同胞，熙洽卖国求荣，认贼作父，丧权辱国，罪大恶极。杀我吉林爱国军民，团结一致，同仇敌忾，坚决与寇逆抗战到底，克尽保卫国土的神圣职责。我团全军敢效前驱，愿与我吉林全省爱国同胞共勉之"。

官马山地处吉林西南，地势狭隘。为发展抗日形势，冯占海率部离开官马山，进入桦甸县境的松花江岸，然后渡江进入冀吉北地区，经蛟河去舒兰。当时，已是深秋，天气寒冷，将士们还未穿上棉衣，克服种种困难前进。沿途这支抗日队伍受到群众的热情欢迎。

9月下旬，冯占海率部进入五常县城，群众夹道欢迎，并不断高呼"打倒日本，铲除国贼"等口号，各界民众与学校联合召开抗日救国大会，冯占海在群众的要求下登台讲话。他义愤填膺地控诉了日本侵略东北的滔天罪行，怒斥卖国贼的可耻行径。他向人民疾呼："国难当头，军人应誓死救国，同胞应携手合作，光复大好河山。"他的讲话，慷慨激昂，震撼人心，全场群情激奋，引起了强烈的共鸣。

　　原吉林省政府的委员们，奉命在宾县设吉林省临时省政府，委任冯占海为吉林省警备司令兼第一旅旅长。冯占海于10月5日在五常县宣誓就司令职，着扩编警备部队。共新编四个旅，两个支队，一个骑兵团，一个炮兵营，所部约二万余人。

　　12月，汉奸于琛澂率伪军主力向五常进犯，冯部侧背受敌，不得已撤到拉林。拉林商务会长史斋芬在"九一八"后组织的商团三百余人编为第十六团，史斋芬任团长。冯占海拨给一批枪支弹药。史斋芬与冯占海部共同对敌。冯占海率领第二、三、四旅，炮兵营奋勇迎敌双方展开巷战。由晨至午，毙敌无数，战斗异常激烈。冯占海部因弹药消耗甚重，二百多名官兵伤亡，不宜久留，遂连夜撤至阿城、蜚克图等地。

　　1932年1月，冯占海部在哈尔滨市郊与日军作战，给敌军重创后，挥师南下，准备进击吉林，行抵五常县境刁山子时，与日伪军遭遇。时伪军于琛澂所部及新增伪军等旅，共35 000余人，双方展开激战，义勇军前卫宫长海部突然遭到敌伪军主力伏击，敌机十余架轮番轰炸，死伤数百人。正在形势紧迫之际，冯占海主力部队及时赶到接应，炮兵营以密集炮火洒向敌军，骑兵迂回敌后，前后夹击，杀声震天。义勇军士气大振，猛烈还击。此役，打死打伤敌军2 000余人，其中毙伤日军200余人，缴获枪械弹药甚多。

　　4月20日，依兰镇守使李杜在哈尔滨召开军事会议，共商联合抗日事宜。会上，大家决定成立一个所有抗日队伍参加的东北抗日自卫军。由李杜任总司令，冯占海任副总司令兼右路军总指挥。

　　5月，冯占海在宾县召开所部将领军事会议，成立了"吉林省抗日义勇军"，共五万余人。冯占海任总指挥，所辖十二个旅，四个支队，一个炮兵团，一个骑兵团，一个独立团，一个特种营。冯占海部越战力量越强，大军到处，百姓竞相供应粮草。

6月20日，冯占海等抗日义勇军在大举进攻哈尔滨之后，挥师南下，于6月29日收复拉林。冯占海特率部分官兵前往烈士墓追悼前次拉林城战役牺牲的勇士，官兵们发誓要继承先烈遗志，抗日到底，收复失地，讨逆平敌，复我河山。

义勇军进抵五常县时，伪军张精一率部投降，另一部伪军向舒兰溃退。义勇军乘胜追击，到舒县水曲柳一带与敌激战数小时，敌军败北，退入舒兰县城。此役，敌伤亡较大。

义勇军陆续收复了五常县城及五常堡、山河屯等地。为了壮大抗日力量，适应抗日战争需要，在山河屯成立了五常县临时政府，冯占海兼任县长，下设办事机构，并饬令各乡政府听从指挥，为驻军筹集粮饷，支援抗日战争。

冯占海部在五常休整期间，又扩编了六个支队，这时部队已扩大到70 000余人。

冯占海率领抗日义勇军曾数次进出五常，与日伪军作战多次，每战必捷，给了日军以沉重打击。但是，由于蒋介石政府对日本侵略行为采取不抵抗政策，义勇军的弹药、服装都得不到供应，最后不得不作出战略性转移。这支抗日队伍1932年冬转移到热河休整补充。1933年1月，冯占海率40 000余人到了开鲁。冯在开鲁向张学良报告情况时，张学良把部队收编为陆军第六十三军，委任冯占海为中将军长，兼九十一师师长。

冯占海所率领的抗日义勇军，战绩卓著，在五常的抗日活动仅是一个片段。

蒋介石为瓦解东北抗日义勇军，对冯占海部采取釜底抽薪的政策。1937年7月，全面抗战爆发，冯占海十分高兴，然而，他的九十一师已划归汤恩伯的二十一集团军王仲濂的二十五军所辖，委任冯占海为二十五军副军长，另派其亲信王毓文到冯部任副师长，冯部在战斗中伤亡殆半，冯部一旅长阵亡，对冯占海是莫大打击，加之副师长王毓文依仗汤恩伯势力专横跋扈，致使冯占海在九十一师已大权旁落，冯占海感到心灰意冷，遂萌去志。在开赴南昌附近整编时，冯占海以就医为名，愤然去职。后去北平定居，以经商为业。

三、抗日英雄汪雅臣

汪雅臣（1911—1941年），又名汪景龙，东北抗日联军第十军军长，祖籍山东，幼年随亲人来五常县民意乡卞家围子定居。

汪雅臣小时候只念了一年私塾，后因家境贫寒而失学为地主放猪。15岁时，离家去苇河（今尚志市境内）当伐木工人。1928年，由于不堪忍受林业工头的虐待跑回五常县境内，被当地土匪"保胜"（东双胜）队收留。1929年东北军二十六旅三十四团（既吉林驻军邓殿云部）来夹信沟一带"剿匪"时与"保胜"队交战，"保胜"队被打散，汪雅臣被俘后当了兵。1931年"九一八"事变后，日本侵略者占领了吉林，东北军二十六旅三十四团全部投向了日本侵略者。汪雅臣基于民族气节和爱国热忱，密约几个有爱国思想、志同道合的士兵携枪离队，跋山涉水，历尽千辛万苦回到五常县东南山里牤牛河一带。

牤牛河沿岸，山高林密，物产丰富，人烟稀少，交通闭塞，易于隐蔽，进可攻、退可守。汪雅臣便在这个地区开展了抗日活动。此时，"保胜"仍率20余人在此行抢，骚扰百姓。汪雅臣为了使更多的人投身于抗日队伍，经和弟兄们商量后，便毅然回到"保胜"队做争取工作。"保胜"队推汪雅臣为"炮头"。

汪雅臣重回"保胜"队以后，常常暗地里把日本侵略者侵入东北之后的种种暴行和屠杀中国人民的悲惨情景讲给弟兄们听，又多次对"保胜"说："东北已经失守了，国家已沦亡，我们不要再抢老乡的东西了，没有国家就没有我们的家今后要枪口对外，专打日本人，把日本帝国主义赶出中国去。""保胜"只想为匪称王，不听劝告，仍然一意孤行，继续行抢。但弟兄们却渐渐对汪雅臣产生了好感，大家尊重他，把他当成领头人，愿意听他的指挥。

1933年春，汪雅臣带领一些弟兄准备去袭击日军，在行军时，忽然有人报告说："保胜"又在沟里抢劫老百姓了。弟兄们听后极其愤恨，纷纷要求枪毙"保胜"，于是汪雅臣立即带队返回沟里，机智地处决了"保胜"，为民除了一害。处死"保胜"之后，他对弟兄们讲："保胜"的下场是自己造成的，我们劝他改邪归正，他不改。在国家和人民面临危亡的时候，我们应该全力以赴去挽救国家和人民，不能再干损害人民的事情。从今以后，我们不能像以前那样去抢老百姓，要专打日本人，愿意干的就留下，不愿意的就走。汪雅臣的一席话，使在场人深受感动，纷纷表示愿听汪雅臣的指挥，一起抗日，并推汪雅臣为首领。为了便于活动，汪雅臣报字"双龙"，从此，汪雅臣便带领这些弟兄在拉林河上游的冲河、寒葱河、向阳山一带山区开展了抗日游击斗争。不久队伍扩展到60余人。当地人民成这支队伍为"双龙队"。

同年驻守在五常县山河屯的伪军营长刘某，带1 500多人哗变来到九十五顶子山（今冲河镇境内）的西莲花座，自称抗日山林队"盟主"。7月间，在康汪保家召开山林队会议时，汪雅臣也带队到会，会上刘营长提出联合攻打大界，筹集给养，汪雅臣提出应攻打日本侵略军。一时争论不休，会议不欢而散。刘营长又说："明天大家把队伍带来在此集合。"汪雅臣见刘某有拉山头，吃掉同伙，称王称霸之心，便没去赴会而投奔了县内最大的一支抗日山林队宋德林部。"双龙队"被编为第四支队，汪雅臣为支队长。

"双龙队"被编为第四支队以后，汪雅臣带队随宋德林攻打金马川（今吉林省舒兰县境内）的日本守备队，于8月又攻打了向阳山和沙河子伪自卫团，经过激烈战斗，打死打伤守敌40余人，活捉沙河子伪自卫团团长沈青山、靖天向，缴获了大量轻重武器和物资，汪雅臣在战斗中右臂受伤。因沈青山、靖天向二人民愤极大，于9月被宋德林枪毙。

1933年底，汪雅臣的第四支队已发展到200多人。这时汪雅臣已和珠河抗日游击队赵尚志部取得了联系，赵尚志曾派交通员肖逸民经常往来两个部队之间沟通情况，汪雅臣和赵尚志部之间的关系从此越来越密切。

1934年2月，汪雅臣联合五常一带的反日山林队，在尖山子老爷庙前召开700多人的抗日大会，汪雅臣在大会上号召大家"联合起来共同抗日"，他说："东北已被日本人占领了，大家应一齐起来抗日。珠河那边，赵尚志已带人干起来了，我们也要干。我双龙队是抗日队伍，要干咱们编在一起，五常一带的队伍都联合起来。"一席话说得大家心悦诚服，表示联合抗日，推选他为义勇军首领，于是汪雅臣当众宣布"反满抗日救国义勇军"正式成立，从此脱离了宋德林的领导。抗日义勇军成立后，汪雅臣率队首先一举攻下铁路线上的上营子日军炮楼，当场击毙日军5人，缴获迫击炮1门、步枪7支、手枪5支。然后又在九十五顶子山区建立了义勇军的根据地。

汪雅臣仅仅依靠当地群众，注意军民关系，经常组织战士下山。一面帮助农民铲地、做农活，一面向群众宣传抗日道理，颇受群众爱戴。老百姓经常给部队送粮食和衣服等物资。义勇军规定："不许拿群众的东西，买东西要按价付款，违者严惩。"一次两个战士违纪下山，到山河屯的一家群众院里拿点东西。老乡见有人进院，误以为是"土匪"，便用"洋炮"（土炮）把他俩打伤了。出来一问知道是"双龙队"的人，就急忙给包扎伤口，送回部队。汪雅臣查明情况后，立即命令枪毙了这两个人。由于作战勇敢，纪律严明，"双龙队"的威望越来越高，扬名于五常、山河屯、舒兰一带。

1934年5月，汪雅臣得知赵尚志在黑龙宫一带活动，便带队去五区小街和赵尚志会晤，这是汪雅臣第一次和党接触。

1935年春，东北人民革命军第三军军长赵尚志派人到九十五顶子山找到了汪雅臣，会晤之后，他积极要求共产党领导他的队伍。

1936年春，汪雅臣部与赵尚志的三军三团团长张连科在高丽营子再次会晤以后，赵尚志把汪雅臣要求改编的情况向中共珠河中心县委做了汇报。县委书记张兰生和其他领导冯仲云、赵尚志、韩光、朱新阳等接见了汪雅臣。然后，经县委批准，将汪雅臣部队改编为东北人民革命军第八军，汪雅臣任军长，派三军三团政治部主任侯启刚为第八军政治部主任。不久汪雅臣、王维宇经侯启刚介绍加入了中国共产党。八军也随之建立了党支部。

部队改编后，八军共800多人，设三个团、一个直属保卫连。汪雅臣决定进攻桦皮场子，战斗打了两天两夜，胜利地攻占了桦皮场子，歼敌70多名，缴获大量的枪支弹药。回到五常后，仍以九十五顶子山为根据地活动在五常、舒兰、榆树三县。

不久，汪雅臣又率部200余人进攻西关街日伪军"讨伐"队据点。汪雅臣指挥部队抢占了据点附近的小土山以后，敌人全部出动，向小山攻来，当敌人到半山腰时，汪雅臣立刻命令队伍三面围歼日军。战斗结束后，共打死打伤日伪军300余人，缴枪300余支、子弹6箱、机枪7挺、小炮1门。6月，八军在舒兰县朱旗一带活动时，日军500多人，伪军800多人，联合前来"讨伐"，汪雅臣让1个小队在朵旗口子设上卡子。当敌军讨伐队进入口子时，汪雅臣命令放过伪军。当日军进入口子后，埋伏在林子里的战士一跃而起，杀向日军，战斗打了两个小时，打死打伤日军100多人，其残兵败将狼狈逃回。这次战斗汪雅臣腿部负伤。

八军回到九十五顶子山修整了一个夏天。入秋后，汪雅臣伤愈，又带队去沙河子活动。部队出山后，汪雅臣派人去大东屯找百户长孟某联系做饭，孟某表面上满口答应，一面通知全屯各户做饭，一面却暗中找人报告沙河子日军守备队。屯里老乡把此事立即报告了汪雅臣，汪雅臣将计就计，把队伍拉到小黑顶子山，设下埋伏。沙河子守备队原想出其不备，一举消灭八军。当敌人一进小黑顶子便遭遇伏击，守备队被打死10余人，其余残敌跑回沙河子。战斗结束后，汪雅臣带人回到大东屯，处死了孟百户长。

1936年9月18日，经满洲省委批准，将东北人民革命军第八军改变为东北抗日联军第十军，汪雅臣任军长。此时，十军发展到9个团，共1 000余人。

1937年初夏，汪雅臣回到磨石顶子山。这时部队子弹缺乏，虽多次派人下山去弄子弹，终因敌人封锁太严，弄不到手。汪雅臣决定自己亲自出山，到伪军邓旅通过朋友关系弄子弹。一天他装扮成山里的老乡，下山找到邓旅长，劝他不要打中国人，要把枪口对外，同时，要求他想办法给抗日部队接济点子弹。邓旅长虽然默默无语，但内心对汪雅臣为抗日不计生死的精神很敬佩，6日间，邓旅长200多人随同日军"讨伐"队伍到抗联十军活动的四平山北沟。敌人发起攻击时，邓旅200多人朝天放枪，汪雅臣命令战士瞄准日军打枪，日军冲了几次都被打退，邓旅的士兵见日军退却，就在四平山北沟河套里倒出25箱子弹，把空箱拿回去"请功"。

入秋，手枪子弹又不足，汪雅臣派人去向阳山，找驻在向阳山的伪军陈团长要手枪子弹，联络员找到陈团长后，陈团长满口答应，但要汪雅臣亲自来谈。为了抗日大业，他装成山民，带着短枪和联络员一起来到向阳山。一进屯，发现有日军守备队，汪雅臣让联络员先进屯找陈团长，陈团长一听汪雅臣果然来了，暗自佩服汪雅臣的胆量，急忙命令几个士兵到屯外接汪雅臣进屯。见面后，汪雅臣劝陈团长应有民族的良心，不要做敌人的帮凶。陈团长感到十分内疚，答应送些子弹。傍晚，陈团长派人送汪雅臣出屯。几个月后，陈团长果然派人送来一些手枪子弹。汪雅臣有胆有识，即是一军之长，又是一名传奇式的英雄。

1938年7月，汪雅臣带队去珠河娄山一带接应抗联四、五军西征部队，中途在小山子被日军阻击，战斗中汪雅臣负伤，只好带队撤回，到九十五顶子山养伤。

1939年6月，汪雅臣化装成伪军团长，300多名战士化装成伪军，由会讲日语的战士当翻译，从小南山去九十五顶子。途中遇到百余日伪军"讨伐"队，日军误认抗联十军是伪军，并无戒备。汪雅臣随机应变，他命令部队原地休息，把枪架起来。日军队长也命令"讨伐"队休息，也把枪架起来。休息片刻，汪雅臣看时机已到，便下令出发，战士们拿起枪，马上包围了日军。汪雅臣大喊一声"没有伪军的事，中国人不打中国人"，几十名日军全部被消灭。

1939年以后，敌人推行"归屯并户"政策和对抗联不断进行"讨伐"，十军的密营地遭到了破坏，部队失去了根据地，给养发生了困难，有时几天吃不上粮食。白天无法下山，晚上几个人到苞米地里找点青苞米，为了不暴露目标，常常吃生的。汪雅臣和战士们同甘共苦。夏天每到一处宿营地，他总是先把战士安顿好，然后自己才休息。冬天，在深山里露营时，汪雅臣帮助战士用树枝架成床，几个床围成一圈，中间篝火取暖。

1940年3月，汪雅臣率队攻打亚布力集团部落，得马70多匹，然后回师攻打山河屯警察署，缴获很多物资。6月又率队袭击了沈家营伪军教导队，打死敌人40余名，缴获步枪50支、掷弹筒1个。7月攻入冲河镇，打死打伤（其中日军中将师团长1人伤后死于四平上空飞机上）日伪军多人，烧毁了冲河的警察署，缴获伪币8 730元。9月又率队攻打山河屯，缴获伪币3 000元和价值6万余元的物资，解救9名被关押的爱国者。

1941年1月初，汪雅臣率部分战士在寒葱河东山宿营时，叛徒郭珍写信向沙河子日军守备队告了密。农历正月初二傍晚，沙河子日本守备队及自卫团60多人在队长尾田真治的率领下来到寒葱河子屯。正是初三拂晓，敌人包围了十军的宿营地。汪雅臣身边只有二十几个战士，情况十分危急。汪雅臣临危不惧，命令副军长张忠喜从东面自卫团阵地突围，自己带几个人坚守西面，阻击日军正面进攻。张忠喜向自卫团阵地冲锋时，因敌人火力太猛，只有几个人从东南角冲了出去，张忠喜壮烈牺牲。汪雅臣用机枪开路带领战士从西南突围，当快冲下山坡时，警卫员中弹牺牲，汪雅臣腹部受重伤，敌军冲过来围住了汪雅臣。他大义凛然毫无屈服，痛斥日本侵略者，当日伪军把汪雅臣抬到贾家沟时，汪雅臣已光荣牺牲，年仅30岁。

凶残的敌人，为了镇压人民的抗日斗争，将汪雅臣将军的遗体运到五常县城，立在大十字街口的老榆树前暴尸"示众"，然后将头割下。

汪雅臣牺牲后，抗联十军余部200多人仍然扼守拉林河上游根据地，一直坚持到了抗日战争胜利。日军在作战地图上将他们标位"双龙"残匪，这个标志如同钉子一样钉在关东军的地图上，直到日本投降，成为当时东北抗联唯一成建制的没有被日人"剿灭"的共产党领导的抗日队伍。由于在山里与世隔绝，他们在日本投降之后仍在就地据守，直到被周保中的交通员田仲樵带人接出山。正是他们的存在，才宣告了东北从来没有全境沦陷。

1946年五常解放后，人们为了缅怀抗日英雄汪雅臣将军，将沙河子镇恩厚屯命名为"双龙村"，将五常镇的南北大街改为雅臣大街，后又改名为雅臣路。

1948年，五常县民主政府维修老监狱时，在地下发现了汪雅臣将军的遗首，后送到哈尔滨东北烈士纪念馆。

1955年，哈尔滨市各界人民召开祭汪雅臣将军大会，将他的遗首安放在哈尔滨烈士陵园。五常县人民在汪雅臣将军牺牲地立了纪念碑。

四、抗联十军袭击山河屯

1940年秋，抗联十军进入了十分艰苦的阶段，由于敌人的封锁，十军战士衣食和子弹不足，为了解决冬季服装和子弹不足的困难，军部决定攻打敌重要城镇——山河屯。

山河屯位于五常县城南25公里处，拉滨铁路通过全镇，是五常县南部地区的木材、土特产、粮食的集散地。当时，镇内驻有日本守备队三十八联队和伪警察署等敌伪机构，日本侵略者在镇内还开办"组合"当铺等商业机构。战斗前，十军军长汪雅臣先派人前往山河屯侦察，探听敌人兵力、警戒、要害部位等情况，并动员了大崴子、沙河子和舒兰县上、下金马等地的农民随军作战。

战斗前两天，也就是1940年9月9日，汪雅臣率领部队在宿营地摩天岭起队，并作了站前讲话。最后他对战士们说："谁不愿当亡国奴，今天就跟队出发。"战士们声音响亮地回答军长：

"宁可命不要、家不要，拼死拼活也得消灭日本侵略者！"傍晚，队伍就出发了。参加有80多名战士，途中，当地群众30多人随同前往。

9月11日晚9时，攻城战斗开始。抗联部队首先割断敌人的电话线，突破山河屯城墙东门，留下一挺机枪把守，防止敌人抄袭后路。紧接着队伍进入街内，冲入伪警察署，缴获敌人全部武器弹药。平时骑在人民头上作威作福的伪署长，被抗联突然袭击吓得浑身发抖，连走路都迈不动步了。日本守备队负隅顽抗，经过半小时的战斗，消灭了日军3名，其余的十多名日军狼狈逃窜。抗联缴获敌"组合"、当铺一批金银首饰、皮袄、粮食、衣物等贵重物品和日用品，按当时价值6万元，另外，还缴获现款伪币3 000多元。这时，日本人开办的服装店里隐匿的敌人突然向抗联战士射击，抗联战士立即还击，将其消灭，又缴获一批日军服装。

战斗结束后，抗联马上从东门、东南门分两路撤退，返回摩天岭已是满天星了。为酬谢南山里群众平日对抗联的支援和参加山河屯战斗，将缴获来的一部分银手镯、银钗环、戒指和一部分粮食、衣物等生活用品分发给了当地农民，进一步密切了军民关系。当年上金马参加这次战斗的农民张万成，其家属将抗联十军分给的银首饰一直珍藏至今，成为五常、舒兰两县人民英勇抗日、热爱家乡、不屈不挠支援抗联抗日斗争的历史实物见证。银首饰珍藏在吉林省革命博物馆内。

这次袭击震慑了敌人，战斗数日后，五常舒兰两县的特务警察，急忙赶赴南山里一带进行侦察，伪吉林省警务厅接到山河屯被十军袭击的报告后，立即调动敦化县刘福臣警察大队赶到金马、两方三屯一带"治标"（即讨伐抗联与镇压群众），伪吉林省警务厅成立了以警务科长芳太郎为头子的特务搜查班去舒兰、平安、五常的沙河子军警特务一起进行了秘密调查。由于民族败类叛徒的出卖，使敌人得到了支援十军作战的群众名单，在金马等地逮捕群众30余名，在五常的向阳山和沙河子等地逮捕20多名群众。其中有的在舒兰县城西棒槌沟惨遭日军杀害，有的在山河屯北门外被残杀。

这次抗联十军袭击山河屯，虽遭到了敌人的疯狂报复，但军民密切合作，携手痛击日军的史实，却激发着人们的抗日斗志，其业绩也将永远记载在史册上。

五、山河屯林区工人 反满抗日斗争

五常县的山河屯、向阳山、沙河子、四合川一带广阔的山区林海，在日寇侵占东北之前，绝大部分尚属原始"处女林"。那是日军垂涎已久，梦寐以求的宝贵资源，又是五常县山区人民配合东北三省爱国志士建立抗日联军，痛击日本侵略者的战略要地。

这里的人民，历来就是春、夏、秋三季务农，冬季上山采伐，挂锄时借牤牛河、拉林河上游搞木材水运的，所以，既是农民，也是林业工人。从20世纪初，就有反抗腐败的满清官吏和侵华的沙俄掠夺森林资源的革命斗争传统。在山区曾流传着工人老王痛揍当时远近闻名的封建大把头林青山的革命斗争故事。当日军刚刚进来的时候，工人们就手持猎枪、土炮迎头痛击过来犯山区的侵略强盗，迫使日军有将近一年的时候不敢进入山河屯林区。在日本法西斯统治的白色恐怖下，广大工人不仅没有被残酷的镇压和暴行所吓倒，反而更激起他们对日本帝国主义的无比仇恨，时刻都在用各种不同的形式坚持不屈不挠的反抗斗争。山河屯林区广大工人的这种反抗斗争精神，充分显示了我们中华民族有同自己的敌人血战到底的气概。

山河屯林区工人的反抗斗争之所以能坚持和发展，是同中国共产党当时在这里的革命活动紧密相连的。那时有一些人从关内解放区来的地下党员，以各种不同的身份长期在工人中间开展革命工作，虽然没有留下真实姓名，但是他们进行的革命宣传都像春风一样吹遍了林区。党的抗日主张，点燃山区人民反抗斗争的火焰，在抗联活动的影响下，工人们反抗斗争的烈火越烧越旺。

在苦难的岁月里，山区人们开始通过各种各样的形式同日军、封建把头展开斗争。其中最普遍的是"磨洋工"。如毁坏工具，拖延时间，耽误生产，一次次阻滞了日军掠夺计划的实施，1939年冬，有一次，工人小朱在山上放树"磨洋工"的时候，不小心让一个外号叫"大胡子"的日军发现了，挨了一顿毒打。晚上，小朱回到地窖子里，把白天发生的事对工人们讲了。这个大胡子平时对工人心狠手毒，几乎每个工人都挨过他的棒子，大伙心里早就憋着一股怒火。一天深夜，小朱领着五十多个工人拿着棒子悄悄到日军的宿舍，一齐冲进屋去，打灭了煤油灯，眨眼工夫，就把屋里的东西砸得粉碎。里面住着三个日本兵，吓得头都钻到桌子底下，工人们把"大胡子"从桌子底下揪出，团团围生。这时，不知是谁喊了一声："打！打死他！让他再敢欺负咱！"一顿棒子，把"大胡子"打趴在地上，再也不能动了。过去这个家伙手里总是拎着棒子打工人，这回工人们也用同样的办法惩罚了他。第二天，日军率领"森林警察队"折腾一天也没查出是谁领的头，只好干吃哑巴亏。像这样痛打日军的事，不但在山上伐木时常常发生，就是在夏天流送木头的过程中也不断出现。

山河屯林区一直是"东北抗日联军"坚持抗日武装斗争活动的地区。工人仍十分拥护、爱戴抗联，纷纷带着强烈的阶级仇、民族恨加入抗联队伍。一次，抗日联军汪雅臣的部队在响水河子夜袭了一支日军的队伍，战斗胜利后，正在那里流送木头的十几个工人把自己的口粮送给抗联战士做给养，并且坚决要求参加抗联。抗联的陈队长走过来，亲切地拍拍一个叫金永录的肩膀说："我们成天在深山老林里打游击，生活非常艰苦，你能受得了吗？"金永录坚定地回答："只要能杀侵略者，再苦心里也是甜的！"接着他讲起日军"杀大沟"那时，自己正和几个工人在林子里干活，忽然来了一群恶狼似的日本兵，不分青红皂白地把他们全捆在树上，然后日本兵哇啦哇啦地怪叫着，端起刺刀就往他们身上捅。金永录身上挨了十一刀，在血泊中昏过去，被日军把他们扔到一个土坑里。日军走后，金永录醒过来从伙伴们的尸体中爬出来，挣扎着回到地窖子里，经过工人们一冬天的精心照料才算保住性命。抗联战士看着金永录身上那一道一道的伤疤，各个含着热泪齐声高呼"打倒日本帝国主义！""为苦难的阶级兄弟报仇！"等口号。从此以后，金永录和十几个工人成为光荣的抗联战士。

15岁的邵景春，两个哥哥都是抗联的联络员，负责给抗联运送粮草和衣服。有一天被坏人告密，日军连夜把他全家抓进"守备队"，用尽了各种酷刑拷问抗联活动地点。他的两个哥哥虽然被折磨得死去活来，但一言不发，宁死不屈。日军决定杀掉他们全家。只有邵景春因为年纪小，趁日军不注意跑了出来。他逃出虎口后，没有被敌人的血腥屠杀吓倒，亲人的惨死，更是坚定了他报仇雪恨的决心。一天，日军运进山区一车棉衣、皮靴等物资，邵景春看见后心想：冰天雪地抗联战士还穿着单衣，这些东西得让亲人们得到。于是，他详细探明押送这批物资的日军人数、运送路线和时间，连夜跑去告诉了过去常和他哥联系的一个抗联的联络员。第二天，抗联队伍打了一次伏击，全部歼灭了押车的十几名日军，缴获了这批过冬的物资和枪支弹药。

有的时候，工人们还常常亲自带领抗联去偷袭日军。1941年春天，有30多名日军押送工人们流送木头。韩得胜等几名工人暗中摸清了敌人的武器装备和行动规律。在一天夜里，趁日军睡着的时候，一口气跑了几十里的山路，赶到抗联驻地报告情况，又连夜带领抗联队伍下山偷袭这股敌人。战斗打响了，战士们把日军住的房子团团围住，机枪和手榴弹响成一片。不到一刻钟，就全部消灭了日军，缴获了两挺机枪和十余支长短枪。

还有一次，工人段明举夜间钻出木头营的铁丝网，连夜跑进深山密林找到抗联，由他引路去偷袭驻扎在"滚兔子岭"的日军小队。他们摸到日军营地，段明举手持大斧干掉了岗哨，随后冲进屋里。日军正在酣睡，段明举举起大斧威风凛凛地大喊："不许动，举起手来！"日军从梦中惊醒，一看屋里站满抗联战士，吓得目瞪口呆，一个个举起双手。只有日军小队长伸手要去抓手枪，段明举一斧子结果了他的性命。这一次没费一枪一弹就缴获了大量枪支弹药和粮食，还俘虏了二十多个日本兵。

在工人反抗斗争的沉重打击下，"五常采伐造林组合"的大头目佐佐木被打死了，日军和封建把头常常在夜里不敢出门，并且不得不于1941年解散设在东沟的"二柜"，集中到南沟的"大柜"去作业。同时，他们还怕驻在东沟的牤牛河森林警察队被歼，将其并入拉林河森林警察队，迫使日军不得不缩小了掠夺范围。

山河屯林区的工人们，在斗争中经受了各种严峻的考验和锻炼，从开始分散的自发的反抗行为，发展成集中的、自觉的革命斗争，他们和抗联紧密配合，形成一股不可抗拒的力量，充分显示出人民群众的无比威力。

六、寒葱河人民与抗联十军的情怀

寒葱河地处沙河子镇的东北，寒葱河因距其屯子南部约3里之遥有一片野生"寒葱"而得名。距屯西4里虽有一座村落，其解放前名为恩厚屯。解放后，恩厚屯得到发展，便改为村所在地。因抗联十军军长汪雅臣将军牺牲于此，后来为纪念这位民族英雄和他所在部队"双龙队"，将恩厚屯命名为"双龙村"。

60多年前，日本侵略者为了阻止抗日联军的活动，切断了人民群众与抗联之间的联系，使抗联队伍失去补给，指示汉奸和自卫团将散居在密林之中的老百姓都赶到"寒葱河"，实行"归屯并户"。归屯并户后，日本侵略者将寒葱河四周围起了土墙，建起四个炮台，设南北两门，两门均派兵丁把守，防止村里的老百姓出屯与抗联联系、送给养，同时也防止抗联进屯活动。能够自由出屯的唯有跑山，也就是采山货、打猎的人可以出入屯子，也就是这些人以采山货打猎为名，经常将给养纷纷送到抗联队伍活动的地方。

就在这时，抗日英雄汪雅臣率领的东北抗日联军第十军依靠寒葱河周边广袤的原始森林，依靠寒葱河的百姓，冒死输送给养，依靠大山里丰富的野生资源坚持进行艰苦的抗日斗争。

由于驻守在蛤蜊河子的日军经常遭受抗联十军袭击，大为恼火，他们得知，在多年的围剿之后，抗联的活动仍然如星火燎原，一定是寒葱河人民给予帮助才使大山深处的抗联生存下来。为此，日本侵略者加紧了对寒葱河人民的迫害和屠杀。他们经常从蛤蜊河子出发，对寒葱河屯突然袭击，进行盘查"围剿"，村民张富生、司正国均涉嫌私通抗联被日本侵略者将头颅砍下。无论日本人如何残酷迫害寒葱河人民，都没有挡住寒葱河人民对抗联十军的援助。在寒葱河人民的秘密接济下，抗联十军仍然在这一带坚持抗日斗争。日本侵略者更加痛恨寒葱河人民，从此，经常在冬季用马爬犁把寒葱河的老百姓抓到蛤蜊河子日本住所，绑在凳子上，施以灌冷水、灌辣椒水、棒子打等酷刑，威逼村民承认与抗联十军有联系。村民李八是山上的住户，被告发与抗联有关，全家人被日本人杀害，无一幸免；村民司发也因"私通"抗联被日本侵略者杀害后，头颅被悬挂在蛤蜊河子北门示众。

尽管如此，寒葱河人民绝不出卖抗联十军，没有一人在日本人面前承认给抗联送过给养，暗地里继续支持抗联活动。由于日本侵略者经常到寒葱河来盘查，后来看守村子的四个炮台的村民约定了"两句暗语"，只要村子里有日军，炮台上的人就对过往的人大声吆喝："扁扁沟、顺水溜"；如果屯子里没有日军，就大声吆喝："镰刀把，别害怕"。从此给过往行人和抗联发出报警信号。

有一年秋天，苞米成熟的季节，寒葱河人就是不往回收割玉米，目的就是为了让汪雅臣派人来拿。因为一单收割运回屯子里，再往外送就十分困难了，因为当时的村民出屯，门岗是要检查的，只有采山货的人经常进山才免于检查，能带些东西给抗联。

据寒葱河村民82岁高龄的高陆老人和65岁的冯宝山老人回忆说："当年汪雅臣被叛徒告密"，遭日军包围是在当天的早晨，刚下完小雪，被敌人包围时，汪雅臣从宿营地一直打到作战沟，其间三四公里，由于腿部中弹，为保护其他战士突围，弹尽被俘，现在汪雅臣纪念碑所立之处就是当地的宿营地。从汪雅臣的牺牲地到寒葱河约17华里。日军将汪雅臣拉到寒葱河以后便找村民指认，村民无一人帮其确认。无奈日军就将汪雅臣拉到了蛤蜊河子日军大本营。据高陆老人讲，日军在蛤蜊河子用了三天时间，找了很多人才确认了汪雅臣。

汪雅臣为国捐躯虽有60余载，但寒葱河人民始终没有忘记他，寒葱河世代人民为有汪雅臣这样的英雄而永远自豪。每到清明时节，寒葱河人民纷纷前往先烈战斗过的地方去祭奠他们的英魂。

60多年后，寒葱河人民对于汪雅臣将军的英雄事迹仍能侃侃而谈，娓娓道来，几乎家喻户晓，妇孺皆知。在与82岁高龄高陆老人对话时，老人家对汪雅臣将军及抗日将士充满怀念和崇敬，汪雅臣将军的英灵若在天有知，定感欣慰。

七、赵尚志在五常的抗日斗争

赵尚志，中共党员，是东北抗日联军第三军军长，主要根据地在珠河县（今尚志市），也经常到五常县境打击日军。

1934年7月，赵尚志与五常的"创江南"抗日队伍联合，集中队伍一百余人，攻打五常县城一次，但因敌众我寡，未能攻克。

同年8月，赵尚志率队从珠河小九站出发，冒着酷暑，急行军一百余里，傍晚抵达哈东重镇五常堡城下，联合在当地活动的抗日武装爱民队，向五常堡发起联合攻击。经过三个小时的战斗，攻破了号称从未被攻克过的五常堡。抗联三军进城后，对居民百姓秋毫无犯，敌伪汉奸狼狈逃窜。抗联三军战士在城内把敌伪、汉奸开的商店里的日用品、布匹等，装载三四马车运回做越冬物资，给日军以严重打击。第二天，日军出动飞机追击，但抗联三军已转移得无影无踪。

同年秋，八家子自卫团长吴连元所属一部，在他儿子吴树仁的带领下，驻扎在康家炉。康家炉地处双城、拉林的要冲，是通往平原的咽喉。自卫团营长吴树仁勾结大排队武装，在康家炉为非作歹，欺压群众，为日本侵略者充当屏障。赵尚志早就有打击自卫团的打算，农历七月初十凌晨，率队向康家炉两门发起攻击，很快攻入城内，活捉了吴树仁等，将自卫团七十多人全部俘虏。

1935年2月，《盛京时报》十五日报道：半夜十二点，赵尚志带领"压东洋"（抗联一支队伍的代称）等一二百人，进攻到干沟子时，受到拉林站日军站长大越和守备队小林队长带队阻击，抗联未能久留，撤出战斗。

《盛京时报》三日十七时报道："赵尚志带领三千名部下，装备有机关枪、迫击炮各数十挺（门），军装整齐、枪械精锐。其中骑兵、步兵个一千五百名，打五色旗，臂戴红袖章，上书义勇军字样，耀武扬威，由山里浩浩荡荡而来。"队伍曾到达蛤蟆塘、一棵松、泉眼河等处，并通告村民说："一不抢村民，二不绑屯票，近山一带年前年后被敌人多次抢掳，已达山穷水尽、米罄粮绝，本队长来此目的，是破坏敌人拉滨线铁路，劫火车，破坏拉林仓。誓与双城警察大队决一胜负。"由此可见，赵尚志此次行动，曾使拉林镇商民极度震惊，予日伪势力以巨大威胁。

八、抗联英雄陶净非与赫子臣

陶净非，原名陶亚明，1912年出生在吉林省德惠县。1931年"九一八"事变时，正在哈尔滨读高中的陶亚明就走上了抗日救国的道路。他经常和进步学生撒传单，贴标语，宣传抗日思想。翌年加入中国共产主义青年团，10月转为中共党员。之后，又毅然投笔从戎，投身到伟大的抗日斗争中，由一名工农义勇军队员，逐渐成长为抗日联军的团指导员、五军二师政治部主任，曾出色地完成过许多重要任务。

1938年，为粉碎日本侵略者企图把东北抗日联军在三江地区"聚而歼之"的阴谋计划，建立新的根据地，打通哈东、南满抗联队伍和热河抗日部队的联系，吉东省委决定组织二路军进行西征。陶净非作为西征部队的负责人之一，曾和战友们攻占过楼占镇，袭击过牡丹江东岸的三道通，越过几百里杳无人烟的林海雪原，跨过老爷岭，挺进到五常境内。但由于敌我力量相差悬殊，西征部队严重受挫，在极其艰苦困难和险恶的环境下，他仍然坚定不移地领导三军西征余部辗转于五常、敦化、宁安等地，同敌人进行英勇顽强的斗争，给敌人以沉重的打击。

1940年秋，东北的抗日斗争陷于低潮。为保存实力，准备反攻，大部分抗日联军先后进行战略转移。在苏联远东边境建立了南北野营。陶净非也率部入苏，参加南野营整训。

1941年8月，陶净非和南野营委员会书记季青受命返回东北，计划同抗联第十军取得联系。他们在汪清、敦化、宁安、东宁一带进行活动。就在这时，传来了抗联十军军长汪雅臣和副军长张忠喜壮烈牺牲的噩耗，加之部队过冬物资难以解决和用于同野营总部联系的电报机电池遗失，于同年10月返回南野营。

野营总部根据情报获悉，原五军二师陶净非部队的赫子臣连长，在一次战斗中同主力部队失散后，独立活动在五常县东南部山区一带，进行艰苦的游击战争，陶净非受命第二次返回祖国，寻找赫连长，陶净非又回到祖国。

陶净非一行终于在老爷岭东海浪河畔找到了赫连长，故友重逢，带来无限喜悦。

陶净非等人的到来，不仅壮大了海浪河畔的抗日力量，同时也带来了野营总部的指示，使战士们信心陡增。陶净非教育战士们，越是在艰难险恶的形势下，越要高举抗战的旗帜，要用战斗的行动，来戳穿敌人的"抗联已被赶尽杀绝"的反动宣传，牵制敌人的兵力，支援全国抗战。

五常山区的一个群众老关，经常上山打猎，和赫子臣相处非常密切。他告诉陶净非和赫子臣："五常县的日军为给前线征集粮食，这几天正在到处抢劫粮食、财物。老百姓叫苦连天，如果不想个办法，不少被抢的老百姓就要饿死。"

他们决定在地势优越的南天门设伏，劫下粮车。初夏的清晨，"南天门周围一片寂静。突然，远处传来了两辆装满粮食的马车，车前车后有六个警察、两个日本兵。神枪手赫子臣手抬枪响，啪啪两声，两个日本兵应声倒地，一命呜呼。六名伪警察举手投降"。

陶净非和赫子臣路劫粮车，很快传遍五常县东南部山区，穷苦百姓无不欢欣鼓舞，"抗日联军又回来了！"

敌伪经过多方侦察，终于寻得了抗联活动的踪迹，并秘密布置，并对海派河一带进行"大讨伐"。陶净非和赫子臣得知这一情报后，为了保存实力，以利再战，决定将队伍暂时撤离以老爷岭东西两侧为中心的游击区，到敌人的薄弱环节开辟新的根据地。于是，他们便派人通知分散在各处活动的人员，都到三道海浪河的趟子房集中，准备转移。

陶净非和赫子臣等抗联战士喝完了开水，外面枪声就响成了一片，子弹不断地打在墙上和门上，情况万分危急。

"根据枪声判断，东、南、西三面都有敌人，而且人数不少，难免又有机枪封门。唯一北面密林没有枪声，要想从正面冲出去是很困难的。战士们可以边打边往外冲，曲大伯怎么办？"赫子臣和陶主任分析着形势。曲老汉似乎明白了陶主任和赫连长的心意，他颤抖说："孩子们，你们不要管我。我老了不能打日军，你们还年轻，留得青山在，不怕没柴烧，日后还等着你们去消灭！""不，大伯，不论情况多么严重，我们都要保护您老人家冲出重围！"陶净非非常果断地说。

门打开了，敌人密集的子弹射向门口，在赫子臣和陶净非的掩护下，董占书带领一名战士，就地一翻滚，冲了出去，但没有冲出多远，就在敌人的猛烈火力下牺牲了。

突然，一颗子弹打穿了赫子臣的左腿，鲜血顺着裤脚流了出来。陶净非忙过来包扎，赫子臣喊道："不要管我，快冲出去，再晚就来不及了！"

敌人发现屋后有人冲进森林，就迅速向北面包围，唯一能减少伤亡的出口也被封锁了。

陶净非命令一名战士背起赫子臣，他带着警卫员刘喜冒着呼啸而过的子弹在前开路，刚转到屋后的西侧，一排子弹射来，打中了陶净非，鲜血立刻涌了出来，他趔趄几步，紧握匣枪的双手指向了敌人，随之两串复仇的子弹飞向敌群。陶净非那魁梧的身躯立在那一动不动，日军和警察被这情景吓呆了，一时竟忘了开枪。

在敌人被惊呆的一瞬间，战士背着赫子臣冲出了小屋。他们刚转过墙角，身后就打来一排子弹。血，染红了赫连长的后背。

山峰呼啸，河水呜咽。陶净非主任、赫子臣连长以及班长董占书、警卫员刘喜、战士刘德恒等英雄，为抗日战争的胜利流尽了最后一滴血。

在五常境内有不少人都知道龙江第一峰，但很少人知道抗日战争时期有一支英雄的队伍借助大秃顶子山的天然屏障在龙江第一峰上与日本侵略者进行过殊死的战斗，为中华民族的解放事业滴尽了最后一滴鲜血。

1973年，东升林场夏元福正值年轻力壮，因山河屯林业局举办篮球赛，为此场部让他和另一位工人前去沈阳买运动服，在沈阳火车站，他们偶遇一位80高龄的老人。此时老人已满头白发，在攀谈过程中，当老人得知他们俩是黑龙江省五常市境内大秃顶子山下林场工人时，老人便激动不已地讲述了当年抗日战争东北抗日联军一个鲜为人知的英雄故事。老人说：当年在大秃顶子一带有一支抗联队伍，有一位赫赫有名的赫连长，一直在张家湾当地百姓的支持下，隐蔽在大秃顶子山上，与日本侵略者进行战斗。赫连长率部队与日军作战，经常出没于现东方红、三人班林场一带，使日军不得安宁。为此日军经常搜山，寻找抗联队伍，企图消灭抗联，但是日本人都找不到抗联的踪影。

有一年的冬天，日本人又组织搜山，想找到抗联，仍没有找到。就在这时，有一个山民独自到大秃顶子附近钓鱼，发现了抗联的宿营地，这个山民未敢往前走，便悄悄下山了。他本不想声张，也不想惹麻烦，可是没想到就在这个山民下山往家走的时候，正好遇见了日本人的搜山队，便被当作抗联抓了起来。日本人对他进行了严刑拷打，虽然他不是抗联，可实在经不起毒打，便出卖了抗联的营地。日本人得知这个情报之后，便在张家湾，也就是现在的新旗村，将当地有名的3位打猎神枪手赵三炮等人聚到一起，强迫这些人与日本人一道，从张家湾出发，沿牤牛河的河道，经过现在长春林场的钓鱼台、胜利林场的黄玻璃台，走了三天三夜，到了抗联营地后，日本人就把抗联营地包围了。赫连长自知突围无望，便带领战士们坚守阵地，与日军周旋，被困多日，抗联没了粮食，战士们就吃身上棉衣里的棉花，薅出来以后，战士们把薅出来的棉花到水沟里涮净后再吃下去，如此反复，就有了抗联战士吃棉花、拉棉花、吃棉花的传说。抗联战士全部牺牲后，日本剖开抗联战士的胸膛，肚子里都是树皮、草根、棉花。

据东升林场场长屈军祥说，采伐时，在大秃顶子山发现了山洞，洞里有存放一些东西，据分析是当年抗联留下的。因为那时赫连长所领导的抗联就活动在这一带。

九、陈翰章攻打响水河子

五常县东南，山岭起伏，连绵千里。抗日战争时期，汪雅臣率领东北抗日联军第十军，在这里建立抗日游击区，四面出击，打击日本侵略军，并经常与抗联二军、三军、五军协同作战，打击日伪敌人。

1940年，东北抗日战争是极其艰难困苦的时期，抗联队伍的大部分进行战略转移。有的到小兴安岭一带活动，有的过黑龙江、乌苏里江到苏联，成立南北野营，进行学习整训。汪雅臣根据战略需要，依然在五常东南部，以九十五顶子山为主要基地，率领抗联十军，坚持抗日游击战争。

抗联二军五师师长陈翰章，智勇双全，歼敌英勇，屡立战功，威震敌胆，是抗联二军中的优秀指挥员。他经常率队进入五常县境内，同汪雅臣部队协同作战，打击日伪敌人。1940年春，陈翰章率100多人的队伍，向五常远征。5月中旬，队伍进入五常以南的蛟河县境内，袭击这个县窝瓜站日本采伐事务所，击毙日军13名、伪山林警察14名。5月底进入五常县东南部山区，与汪雅臣取得联系，准备联合攻打拉林河上游响水河子日本森林采伐事务所。

响水河子森林事务所，在沙河子的沈家营南高台子一带地方。这里森林茂密，树木参天。日本侵略者为了掠夺这块儿的林业资源，扑灭东北的抗日烈火，把东北、华北的抗日爱国群众抓到这里做劳工，强制、逼迫他们砍伐树木，流放木排。他们吃的是猪狗粮，干的是牛马活，受着非人的待遇，有的活活被折磨死。上好的松木和副业资源被砍伐、破坏。木排顺拉林河水流放到山河屯，再由日本人控制的山河屯林务局打捞装上货车，最终运往日本。

　　为了配合陈翰章部攻打响水河子日本森林采伐事务所，汪雅臣把抗联十军中战斗力最强的连队，抽调由陈翰章指挥。

　　陈翰章为了更准确地掌握响水河子森林采伐事务所的地形和敌人的布置、配备情况，亲自在事务所的前后左右密林中隐蔽，前后观察了两天。

　　6月4日，陈翰章又派出二军五师中五六名女战士，扮成村妇模样，在响水河子森林采伐事务所附近靠近铁丝网的地方，挎着筐，采摘山野菜。日军和山林警察发现后，端着枪高声喊吓："你们，什么的干？""皇军、老总，我们是沈家营的，来采山菜的！"

　　她们一边应答着，一边又大大方方地走入院内讨水喝。喝完后，又说笑着，散漫地走出来，继续在四周寻觅采摘山野菜。尔后，便在山林中消失了。

　　抗联女战士将侦察到的情况向陈翰章汇报：森采事务所设有三间房子，两个大席棚，几座帐篷和几个马架子。有30多个日军，山林警察大约有10来人，我同胞劳工估计不到150人。

　　6月5日，大雨哗哗地下了一天。傍晚仍下个不停。陈翰章率领近100人的队伍，在大雨中包围了响水河子森采事务所。

　　敌伪山林警察岗哨，在雷雨光电中，隐隐约约地发现两个持枪的人影，急匆匆地消失在黑夜的大雨中。敌伪哨兵喊："谁？干什么的？"

　　陈翰章部队的抗联战士，见敌哨兵发现了，即刻卧倒，趴在连泥加水的草丛中，一动不动。

　　敌哨兵发现有人，喊又没人应，心里恐慌，忙将此情况，报告给沉睡的山林警察队中队长。接着抗联战士又慢慢接近森林采伐事务所。敌哨兵又听见有人踩泥水的响声，借助雷电的闪光，发现了人影在树丛中晃动，立刻鸣枪报警。抗联战士见敌人鸣枪，又趴在草丛中泥水地上纹丝不动。山警中队长听到枪响，慌忙跑出来惊问情况，哨兵说："有人！"

敌中队长听了一会儿，看了一会儿，见无动静无人，只有大雨哗哗下个不停，顿时大骂哨兵："吵什么吵？大雨泡天的，哪来的人！"说着"叭叭"打哨兵两个耳光子。

大雨不停地下着，约莫入夜的十一点左右，陈翰章率领抗联队伍，摸进了森林事务所。几支分队按预先部署，四处围定，专等攻击号令。敌哨兵发现情况，早已溜走。

陈翰章轻轻晃动三个手电筒，各分队在风雨中同时进入战斗。第一分队对着三间房内的日本兵，从门窗里往里投掷爆破筒，机枪猛烈扫射。日本兵还没有从床上爬起，顷刻间，就被全部击毙。第二、三分队同时冲击两个席棚内，抗联战士大喊着："不准动！缴枪不杀！""我们是抗联，中国人不打中国人！"

睡梦中的伪山林警察，听到抗联战士喊话，慌作一团，不敢动弹。其中一个死心塌地的民族败类，刚去伸手摸枪，当即被抗联战士一枪击毙。余者见状，只能乖乖举手投降。

陈翰章本着"中国人不打中国人"的宗旨，对100来名伪山林警察进行教育，为了惩前毖后，将其警服扣留。只许他们穿裤衩，然后放行，并解放了被抓来的劳工。

被教育释放的山林警察，在泥水中狼狈不堪地走着。第二天（6月6日）早晨，到了磨盘山北的沈家营。这群人又饥饿又疲乏，冷得直哆嗦，便向沈家营老百姓讨吃的。老百姓见这些一丝不挂、赤条条的伪警察，先是恐惧，后又气愤，没人愿意给吃的。这些赤身裸体的100来人，只好向人民跪下低头认罪，说好话，才得到百姓的谅解，给了他们一些吃的。

陈翰章率二军五师，在十军汪雅臣的配合下，一举攻下响水河子日本人设立的森林采伐事务所，消灭日军26人、伪警察4

人，俘虏、惩戒了100来名伪山林警察，解放130来名劳工，缴获粮食百余担和大量物资。山区群众拍手称快，颂扬英勇善战的抗日联军。

此后，日本侵略军在抗联的声威下，再也不敢涉入沙河子南响水河子一带了。

日军为了"悼念"在响水河子森林采伐事务所被抗联击毙的死者，在响水河子森林采伐事务所旧址立了一块"忠魂碑"。1945年抗战胜利后，此碑被当地人民群众推倒砸碎。半个多世纪过去了，每当山区人民群众念及当年此事时，对抗联的英雄业绩，仍称赞不已，情思悠悠！

十、山区人民支援抗日斗争

（一）为抗联送军粮

"九一八"事变日本帝国主义侵略东北以后，在敌伪统治最严密的情况下，为了不断打击敌人，消灭侵略者，战斗在五常县的抗联十军汪雅臣，亲自率领战士下山，动员群众给抗联筹集给养。

那是1937年农历二月间，山区的积雪还没化净，一天晚上，冲河镇的五里四屯，人们刚点上灯，就听外面狗吠，大家都警惕起来，防备土匪袭击，进屯子绑票抢东西。养马人家都把马藏起来，有的链到一起，等听到动静就往外跑。就在这时，抗联十军汪雅臣率领五六十名战士，由山上下来，从东门和屯子南面进入冲河镇管辖的五里四屯。

当时，这屯仅有四十九户人家，还有几家是"跑腿子"户，他们都是被日军从四面八方撵到这里归屯并户的。以前，这一带的老百姓都知道汪雅臣"双龙队"是抗日的队伍，由于抗联战士经常活动在山里，并与群众有着密切的联系，所以人们看到抗联战士都非常亲热，问寒问暖，帮他们缝补衣服，给他们送粮食、蔬菜，为抗联战士解决生活的困难。

这天晚上，抗联战士进村后，家家户户都为他们烧火、做饭，给抗联战士筹集给养。汪雅臣刚进屯，从北城子来了三名自卫团兵，到五里四屯查夜，还没进屯就被抗联的岗哨发现，问他们："谁！到这里干什么？"他们回答是奉命来查夜的。当时，抗联战士佯称是他们的同僚，是公司屯的自卫团，也是来查夜的，并要和他们配合起来。那三个自卫团兵信以为真，没加任何防备。其中二人大摇大摆地刚一进城门，就被抗联战士俘获，缴了他们的枪。那另一个发现自己的两个弟兄被俘，一看势头不对，撒腿就跑，想回去报告，被抗联战士一枪打伤，抗联战士命令他："不许动，不许出声！"

为了争取时间，抗联战士吃饭时，全屯人就忙着给他们筹集粮食。汪雅臣和几名战士在老赵家吃饭时，赵大嫂亲切地说："有好几个月没看见你们了，今天在我家吃点便饭吧！"汪雅臣一边吃饭以便向他们全家人宣传抗日救国。

筹集粮食时，家家都是有啥粮就往外拿啥粮。孔庆禄家的粮食不多，可他们全家一定要给抗联战士一些粮。他说："不够吃，我能借，你们在深山老林里上哪去借呀！"周子龙父亲把仅有的一小缸小米，也给抗联战士装在布口袋里。对面屋的一位妇女拿给三包火柴给抗联战士，并说："拿着吧，好引火取暖，在山里断火不行啊！"只一小时多点，全屯群众就给抗联战士筹集三四千斤粮食。大家一看抗联战士自己背不了，立刻套马爬犁送，还有二十多名群众和抓来的两个自卫团兵也跟着一起背粮。出屯一里多路时，公司屯自卫团带领队伍迎面赶来，他们从远处看到抗联战士和群众在一起，浩浩荡荡，不敢正面迎战。于是他们转到小河沿，在河坎子底下乱放枪，企图堵击抗联战士运粮。

汪雅臣为防止战斗打响了拖延时间，误了大事，又担心背粮群众受害，让群众放下粮食，赶快散开，隐蔽起来，群众坚决不肯，背着粮食跑步上山。汪雅臣率领战士掩护，等甩掉自卫团追击时，群众已把粮食运到三家子山口处。这次运粮很顺利，只有一名战士负了伤。

快要进入深山了，军长汪雅臣代表全体战士谢别了群众，并表示：一定早日消灭日军，收复祖国河山，并把抓去的自卫团兵也放了回来，当众教育他们不要当日伪走狗，欺压百姓干坏事，要有民族良心，为抗日救国出力。汪雅臣率领战士胜利地返回根据地——九十五顶子山，又开始了新的战斗。

（二）给抗联拉道

日本帝国主义侵入东北后，为了加紧其反动统治，推行所谓"治安肃正"实行了"归屯并户"，在山区集镇驻扎日伪军和"讨伐"队，封锁山区要道妄图割断抗日联军与人民群众的联系。而活动在五常县的抗日联军依靠群众，不断打击敌人，使日军闻风丧胆。

抗联十军为了消灭敌人，打击敌人反动气焰，鼓舞军民抗日救国斗志，经常活动在冲河四平山一带，与敌人周旋。1937年夏季的一天，抗联十军两名战士侦察敌情，他俩来到小黑河屯西北河套，看见该屯的老百姓杨禄正在河沿钓鱼，便走到近前和他唠嗑，跟老杨对个火，抽袋烟就走了。杨禄心想：这两个人是哪的呢？怎么不认识呢？莫非是土匪？若是土匪也不能这样文明呀，八成是抗联吧？

时隔一天，两名抗联战士侦察情况回来，看见杨禄又在钓鱼，没等搭话，一眼就被老杨认出来，杨禄问道："你俩干啥活呢？"抗联战士回答："我们是在河里放木排的。火柴湿了，来到这要几根火柴好做饭。"过了几天，杨禄又在河边钓鱼，又碰上三名抗联战士。他从心理纳闷：以往在河边钓鱼，一个人也看不见，这些日子怎么隔两天就遇上人呢？想来想去，总是疑惑。虽然不知他们是什么身份，但他断定不是土匪，也不是密探。由于接触的次数多了，这几名抗联战士便毫不戒备地向老杨打听冲河街里的情况。杨禄说："街里驻有日本"讨伐"队，有伪军、森林警察队，还有警察署、自卫团。这些天风声可紧了，随便出入城门都不行，得搜身检查，出事就抓嫌疑分子，没要紧的事，屯里人谁也不上街，都怕招来麻烦。"

抗联战士先后与杨禄先后接触六七次，他们了解到老杨确实是穷苦百姓，便把实话告诉了他，说："我们不是放木排的，是抗日联军。汪雅臣军长为了抗日救国，领导队伍住在山沟里打游击，经常和敌人周旋，打击敌人，消灭敌人。我们离不开老百姓，只有依靠群众的支援，我们才能活动开，这些天来，你就给予了很大支援！"

为了绝对保守秘密，从此以后，他与抗联战士接触十分谨慎，全村人谁也不知道。杨禄正在铲地，来两名抗联战士，到地里就帮助干活。休息时，一名战士说："还得麻烦你，给我们弄点干粮，有的病号好几天没吃到粮食了。"第二天，杨禄借着下地干活的机会，在怀里揣着七八个苞米面饼子，交给了这两名战士。当时他看到这两名战士也像没吃饭的样子，就叫他们吃，两名战士谁也不肯吃，并说："回队交上去，分下来才能吃，这是纪律。"这时，老杨把自己午间准备吃的两个饽饽拿出来，分给他们一人一个，让了半天，他俩才勉强吃了一个。

此后，抗联战士经常接触杨禄，托他为抗联买东西，了解情况，杨禄成了义务交通员。

8月的天气，正是烈日炎炎。有一天下午，老杨正在地里锄草，忽然来了两名身背大枪的抗联战士对他说："现在有紧急任务，还请你帮忙，我们军长汪雅臣请你。"杨禄撂下活随两名战士来到南林边。只见有七八十名抗联战士，大部分是些精明能干的小伙子，有的拿大枪，有的身上挎匣子，地上架着机关枪。身材高大、魁梧的汪雅臣军长紧紧握住老杨的手说："你对我们的支援很大，给队伍办了很多事情，我代表全体战士向你表示感谢！今天我们准备攻打冲河街。因道路不熟，还要请你给带路！"杨禄听说要消灭敌人，喜出望外，便忙说："那太好了，就去呀！"汪雅臣军长说："不，等天黑以后再攻打，你看从哪边走方便？"杨禄说："跟前的道我都熟悉，咱们从西南进去，走出林子，过了一个小河沟就到城墙跟前了。"午夜时，杨禄带路，汪雅臣率领战士一举攻进冲河街。他们抓住敌人的薄弱环节，进城就把警察署、自卫团的窝给端了。其他部分的敌人，听见抗联的枪声，吓得乱作一团。日本"讨伐"队、伪军、森林警察队，谁也不敢出来增援。汪雅臣率领战士速战速决，不到两个小时，队伍就出城了。共缴获三十多支大枪、一千多发子弹，还有其他物资。抗联队伍背着战利品在归途中还听到日伪军乱放枪呢。

敌人遭到抗联袭击的第二天，冲河街的敌人互相谩骂，警察署和自卫团埋怨日伪军不增援，日伪军骂他们是饭桶。日军下令叫森林警察队搜山抓抗联，并调查与抗联有关人员。森林警察队抓不到抗联，就把无辜群众当嫌疑分子给抓来进行迫害。杨禄也被抓去，说他是通匪的政治犯。第一次审讯时，一个为警察问他："抗联打冲河街，是你给拉的道吧？"老杨坚定地回答："不是，打冲河街的那天，我有病。好几天没出屋了。"一个警察又问：不是你是谁？老杨说："不知道！"这时站在旁边的一个警察说："不用你嘴硬，到地方你就承认了。"

第二天把杨禄五花大绑，用警察押着送到五常县警务科关在监狱里。以后，对他审讯二十多次，每次都叫他承认给抗联拉道打冲河街，不承认就动刑，上大挂、皮鞭抽、灌辣椒水、压杠子、垫砖头、过电……各种残酷的刑罚都使过。杨禄被折磨得死去活来，又一次，他被打得奄奄一息，昏了过去。警察用冷水浇他才慢慢地苏醒过来。

有一天，一位难友悄悄地对他说："你的事情不承认有活路，若承认就没命了！"杨禄自己想：真是这样，若承认，酷刑不是白挨了吗？看样子，这些警察狗子也没抓到什么证据。于是，下定决心，以后再审讯时，每次都说不知道。就这样，日复一日，警察科经过数次审讯，始终问不出什么，共把他押了八个多月，第二年春才被释放。

杨禄被送到警务科后，乡亲们都为他担心，人人都说那是九死一生的地方，杨禄怕是出不来了！大家听说老杨被放回来，都高兴地去看望他。乡亲们问："你到底给没给拉道？"他说："从来没有此事，白蹲笆篱子！"可他自己心里明白。直到1945年东北光复以后，他才不用为此事提心吊胆了。

1952年，中央指示各级政府派员到革命老根据地慰问对抗联有功人员。村政府向上级反映杨禄对抗联有过贡献，但他始终不讲自己曾为抗联做过什么事情。当时他想，伪满时受了那么多折磨，也没承认为抗联拉道，这回有了荣誉就承认，那多不好啊！村干部动员几次，他都不肯说。后来，知情人张福说："你给抗联拉道打冲河街那天，你在地里拿大草，我趟最后一遍地，你在林子那边，我在这边，抗联战士没看见我，我看见他们了，他们找你，你二话没说就跟着去了……"。这时，杨禄才把全部过程说出来，特别是他在敌人监狱里，坚贞不屈、守口如瓶，使人们格外敬佩他、爱戴他。

八、不畏强暴、顽强抗争的爱国志士

（一）铁骨铮铮，不畏强暴——爱国志士孔庆尧

日伪时期，五常县国民高等学校校长孔庆尧在任职期间，铁骨铮铮，不畏强暴，为伸张正义，做出了不可磨灭的光辉事迹。

1942年1月，孔庆尧调到五常国民高等学校任校长。国民高等学校当时每天都要在操场举行朝会，按照惯例，校长要登台讲话，台下的师生都要向校长施手礼。孔庆尧到校的第一天，朝会上他看到台下全体师生都向他举手致礼，唯有日本人主事（相当于副校长）高傲地站着，若无其事。孔庆尧立刻变色，他的目光炯炯，只扫那个日本人，带着训斥的口吻说："我是校长，你是主事，也得给我行礼！"从此，日本人主事每天朝会和台下的师生一样给校长敬礼。学生都说："新的校长不简单，敢管日本人！"

学校设军事课，每到这节课，教官蔡少序少校在操场上给学生教授投弹、刺杀等军事科目，往往延长时间，放学铃响了，仍不收操。孔庆尧发现后，来到操场，用手势把教官叫到跟前，严肃地说："时间到了，赶快收操，以后不许压堂！"果然，以后军事课，不再延长了。学生中间又议论开了，有的还竖起大拇指说："新来的校长是好样的，敢管军事教官！"以前，学校的事情都是主事（日本人）说了算。孔庆尧来后不当傀儡校长，说话算数，并且敢作敢当。

依照伪满教育规定，"国民道德"课要由校长承担，孔庆尧在讲这门课时，并不照本宣讲，而是讲些"修身、齐家、治国"等古今典型事例，潜移默化地向学生灌输发奋自强的爱国主义思想。他教育学生要有志向，发奋读书，将来成为栋梁之

材。在"学成治国"的思想指导下，他对那些学习上孜孜以求的学生，格外钟爱；而对于那些惰于学习，徒混学历的学生恨铁不成钢。他时常打比方说："如果学无所成，就将是'剃头匠拍巴掌，又完（蛋）一个'！"孔庆尧憎恨日本侵略者，不甘当亡国奴，胸中燃起的愤怒之火，时有表露。他声色俱厉地说："什么'一德一心'，纯粹是挂羊头卖狗肉！"讲到"皇军""武运长久"时，斩钉截铁地说："什么'武运长久'，纯粹是穷兵黩武！"这掷地有声的语言，一针见血地揭穿了"日满亲善""王道乐土"的谎言。学生听了后无不惊讶，大家为他捏了一把汗。课后，教室里互相交耳议论，都说："孔校长不畏强权，敢吐真言，胆量真大！"

孔庆尧热心教育事业，极力培养青年一代的自强心，他自己也做了自强的表率。他来校不久，听说学生的"配给品"，有关部门迟迟不给。他气愤地给配给部门打电话："满洲国给学生的配给品，你们为什么不给？你们查一查，是谁给扣押了？"那个部门被质问得无话可说，没等学校去取，就把配给品用马车给学校送来了。以前，县里举行篮球赛，国高队往往败北，孔庆尧来后，校队练球时亲自到球场指导，并且提出"稳"（接球）、"准"（投球）、"狠"（夺球）的三字要领。经精心指导，球技迅速提高，参加县篮球赛时，他亲自带队。比赛中，校队每场必胜。正在此时，对方球风恶劣，脚踢校队队员，场上出现风波，孔校长目睹此情，挺身而出，健步上场，手举文明棍，断然决定："国高球队弃权！"就整队退出球场返校，球赛到此终止。后经球赛负责人到校检讨，苦苦要求，校队才二次到场，使球赛继续进行，此事一时轰动五常县城。

孔庆尧憎恨日本侵略者，更恨那些出卖灵魂的汉奸。有一天夜里，一个学生从山河屯回来，下火车走到西门警察分驻所时，一名警察以检查"匪民身份证"为由，把这名学生扣留。学生说："有身份证，没带在身上，我是国高学生，有帽徽为证。"警察故意刁难不放，学生在气愤之下打了警察，把警察的眼镜打碎了。翌日早，警务科给孔庆尧打电话说："昨晚，你的学生把警察打了，你知道不？"孔庆尧满不在乎地说："那好啊，打了'皇帝陛下'的警察可不一般。"接着又说，"不会吧，国高学生打警察多不体面，你们看错人了吧？"在他的搪塞之下，打警察的事不了了之。以后，警察见了国高学生不敢再放肆，如果和学生走个对面，警察首先让路。尽管这样，学生戏弄警察之事，仍然时有发生。孔庆尧平时最讨厌警察，一提到警察，他就说"警察狗子"。因为孔庆尧鄙视警察，伪满五常国高学生毕业后，没有一个报考警官学校的。

孔到五常前，国高有一名姓陈的学生突然失踪。后来知道是被伪满当局以"反满抗日"之嫌抓走的。孔庆尧来后，赶上几名同学正议论此事，他听了以后，当即发泄不满地说："那是抓猪呀，说抓就抓，要抓，我一个人就够了！"他对那些不忘民族气节的人给予深切的同情。

孔庆尧对敌人冷若霜剑，而对学生却十分关怀和爱护。他时常在课余时间深入学生宿舍，了解生活情况。他看到学生吃的全是高粱米，把家里的一袋大米打发人送来，给学生改善伙食。在物资紧缺的情况下，他常讲些古人刻苦读书的事迹，鼓舞学生克服困难，发奋求学。

这样一位深受学生爱戴、各界人士赞颂的中学校长，来后仅半年时间，于6月的一天夜里被日本宪兵秘密抓走了。直到解放后，才知道孔庆尧在监狱里，敌人对他施以种种酷刑，他都大义凛然，坚贞不屈。敌人每次过堂时，他什么也不招认，并大骂不止，竟被敌人打瞎了一只眼睛。最后在绝食斗争中死于哈尔滨道外监狱，时年36岁。

孔庆尧在五常的事迹，仅是他对敌斗争的一个侧面，是什么使他敢于和凶恶的敌人作对，直至临危不惧，英勇就义呢？

孔庆尧1907年生于巴彦县孔大屯，念完小学考入东省特区二中师范科进修。1928年在反对日本帝国主义强行在东北修筑五条铁路的斗争中，孔庆尧被推举为学生代表，领导同学参加全市学生游行队伍，手持小旗，高呼口号，表现非常积极。在这次斗争中，孔庆尧接触了中国共产党的同志，开始受到革命教育萌发了反帝反封建的思想。

1929年毕业回县从事教育工作，任中学教导主任。在"教育救国"思想的支配下，拟在中学开办师范班，培养师资，发展家乡的教育事业。由于缺少经费，这个愿望没能实现。翌年，他任校长后，仍然筹划办起师范班。1930年，孔庆尧用募捐的钱，在中学办起了一个师范班，热心为家乡培养师资。"九一八"事变后，日本侵略者的猖狂进犯，军阀、汉奸的纷纷投敌，使他逐渐认识到"教育救国"之路行不通，于是产生了武装斗争的念头。

1932年4月，巴彦县的张甲洲（北大学生）从北平回来组织抗日游击队时，孔庆尧也组织了六十余人的抗日队伍，张甲洲任总司令，孔庆尧任宣传部长，东兴战役后，孔庆尧回家探亲时，母亲百般阻拦，不让他回队。张甲洲想出个好办法，叫他借机潜入地下，开展敌后工作。孔庆尧留在家乡后，便去双鸭山西程福屯，到程县长家去避难，佯称在游击队不干了，张甲洲要捉他。程县长在县里得知这一情况后，解除疑虑，便又派他到中学当校长。

孔庆尧以中学校长的合法身份，开展地下工作，抓住有利时机，和敌人进行针锋相对的斗争。他公平教育学生毕业后不当警察狗子，支持学生打警察，他顶撞汉奸伪县长，斥骂虐待学生的日本老师。他从外地请来数名教师，后都因被通缉而出走，据说他们都是共产党人。

孔庆尧这位坚强的爱国志士，敌人对他既害怕，又不放心，于是来个"调虎离山计"，把他调来五常，然后为他罗织罪名，暗下毒手。

（二）大母杨沟与日本侵华

大母杨沟距沈家营7.5华里，距三岔河7.5公里，地处沈家营与三岔河中间，东北的日本侵略者看到了这块宝地，妄图把这里的森林全部砍伐运回日本，作为侵略物资。在日本侵略者掠夺东北木材等战略资源的14年里，三岔河地区的百姓惨遭杀戮，田地曾被霸占，资源曾被掠夺。

据当地百姓回忆说：当年日本人入侵之前，大母杨沟只有三户人家，这三户人家就在大母杨沟里搭上窝棚，也就是现在的木刻楞房子，他们就在大母杨沟里种植大烟，采集山货为生，据说日本人为了掠夺三岔河至三人班方向的原始森林资源，就在大母杨沟建立了据点，驻守日本人500余人，设有翻译室，主要任务就是打通沈家营经三岔河到三人班的森林窄轨铁道，强迫上千名中国劳工在广袤的森林里采伐原始森林，当地的三户人家就全部被日本人杀害，其中有一户一家七口人，两个儿子两个儿媳，有一个儿媳怀孕就剩两个月就要分娩了，也被日本人挑死，全部被挑死在大母杨沟。解放后，三岔河村民在大母杨沟耕种时看到人的白骨。

在乱石窑（73公里）与三岔河中间有一大沟，当地百姓叫"万人坑"，那旦埋藏了无数中国百姓，死在万人坑的有两种人，一是修筑铁道，采伐森林时受伤的生病的劳工，怕传染，就绑上之后扔到万人坑；一种是不服日本人管制、反抗日本人统治的中国人，被日本人抓住后两个人一对用铁丝绑上之后扔到"万人坑"，然后把狼狗放进去，将活人咬死。

三岔河下一站就是三人班，相隔有15华里，据李忠跃讲，早在日本人侵略之前就有来自山东的哥仨在那里居住。由于那里森林茂密、渺无人烟，所以上山打猎、放棒槌（采人参）、采山货的人经常在那里过夜，后来被称为三人班。日本人将森林窄轨铁路修到三人班后，这哥仨就被杀害了。此次后，三人班这个名字就被确定下来。三人班到前进的森林是新中国成立以后修筑的，2001年10月，由于磨盘山水库的建设和生产生活的需要，山河屯林业局全境400里的林木窄轨铁道全部拆除。这条铁路虽然销迹，但历史却永远不会消失。

（三）张万富一家的惨死

张万富是沙河子镇石头河子村开荒占草的老户。全家23口人，共有父母兄弟5人，妯娌5人，姐妹4人，男孩4个，女孩4个。有4匹马，一台铁车，种20多垧地，全家人本本分分，辛勤劳动，务农为生。

张万富是当家人，主持家务，弟兄排行老二，外号张慌子。他为人心直性耿，处事爽快，喜好交结朋友，对贫苦多邻，有求必应，所以在石头河子村，小有名望。

1936年农历五月，一连几日下雨不晴，他闲来无事，到本屯周万清家去逛门。周家老两口无儿，只有一个18岁的姑娘周淑兰。张万富推门进屋，正巧碰上日本军营的翻译金东根在屋里威逼周姑娘，一边调戏，一边撕扯。张万富一见火冒三丈。噼噼啪啪，打了金翻译几个嘴巴。金翻译当时没有还手，可是他恶狠狠地指着张万富说："你姓张的走着瞧！我不报此仇，不杀你全家，就不姓金！"说完，怒冲冲地回日本兵营去了。

由于张万富开诓豁达，乐于结交好友，有时抗联的同志从石头河子村路过，到他家吃住，张万富便热情招待，后来，被金翻译探到了蛛丝马迹。

这一年的6月10日，张万富从石头河子顺水往下放红松板，到日大耳朵船口，被日本军官和金翻译抓住，金翻译一看，报仇时机已到，便向关东军驻沙河子守备队的日本"太君"说，张万富家在石头河子屯，是抗联老窝，抗联常在他家吃住，他卖红松板，是给抗联买药和食盐用。日本军官闹腾一听，十分恼火，当即把张万富抓到日本军营。连续过堂，严刑拷打，坐老虎凳，用恶狗咬，用尽各种刑具。晚间，把张万富衣服扒光，绑在旗杆子上喂蚊蠓，硬逼张万富承认私通红胡子的罪名，并叫张万富说出红胡子的住址和经常到他家去的红胡子（指抗联）名单。张万富宁死不屈，不说出一个人的名字。

日本军官大怒，就在6月19日那天中午，把张万富家21口人抓到闹腾屯日本兵营。傍晚日落时，日本兵用一个排的兵力，押着张万富全家21口人，从西北小门，押到距兵营东北300多米远的树林里，叫张家人自己挖坑，挖完后，命张家人全跪下，日本兵围住，用刺刀刺死一个，扔到坑里一个，被挑死的多则数刀，少则二三刀。

大屠杀结束后，第二天日本兵按数复查，缺少一具尸体，原来是张老大没被扎死，半夜里爬到吕大耳朵船口，被吕大耳朵发现，见他满身是血，被刺刀扎的腿还在流血。吕大耳朵问："你是不是石头河子老张家的？"张老大如实相告，吕大耳朵把他接到家里，把他的血衣换掉，又将全身的血污洗净，把刀口敷上红伤药。张老大在吕家养伤十余天，伤势基本好转时，就跑到五家桥隐姓埋名，在那里长久住下，因他身体残疾，成了"跑腿儿"。

张家的人被刺死后，当地群众都为他家的惨死悲痛流泪，可是，在那个当时，谁也没敢到林中去看一眼。

当张万富一家惨死时，他仍被关押在日本兵营里，全家人的不幸遭遇，他尚不知。

6月22日，张万富惨遭毒刑死不招认，被日军绑在木桩上，被军犬咬死。死后，日本兵又放出十几条军犬，把张万富尸体吃光。

张万富三弟的女儿张雅芹，那年10岁，恰好那天上外祖父家去串门，才免遭遇难。日本兵按户口查，张家户口上是23口人，刺死21口人，狼狗咬死1口，尚少1口。日本兵到石头诃子去查找，众乡亲都异口同声地说，那小女孩已病死多天了，这样，小雅芹才免去一死。后来，她改了姓名，隐居到19岁，1945年东北解放时，她才敢出头露面。

（四）老黑顶子肉丘坟

在五常市沙河子镇以西约三十华里的群山环抱之中，坐落着一处百十户人家的村庄，这就是老黑顶子村。

至今，在村西北的山脚下，仍有一座偌大的坟墓。那里埋葬的是邵家老小十具尸体。

日本军国主义于1931年"九一八"事变后，侵占了中国东北，老黑顶子村也沦落于日军的魔掌之中。日军在所谓建设"王道乐土""东亚共荣"的幌子掩盖下，为了达到彻底霸占东北的目的，疯狂地屠杀我国人民。英勇的中国人民纷纷起来抗击日军的入侵。抗日将领汪雅臣领导下的抗联第十军便在这一带同日军周旋作战。在那艰苦的年代里，当地群众为他们送粮、送药、送情报、为抗联带路，给日军以沉重打击。这使得日军十分害怕抗联，对支援抗联的群众切齿怨恨。邵九经一家便是支援抗联的家庭之一。

邵九经一家在老黑顶子村世代为农，勤勤恳恳，在当地邻里中，素有宽厚、诚实之美名。邵九经兄弟五人，个个身强力壮，好打抱不平，村里的地主、坏人，遇事也让他们三分。自从日军来了之后，抓村里的百姓，杀群众的猪鸡，当地的汉奸走狗也明目张胆地干起坏事来。所有这一切，都激起了邵家兄弟的无比愤怒。

老二邵九经经常到山里打猎。1934年冬季的一天，邵九经在密林里狩猎时，与抗联战士相遇，抗联战士看他是一位普通的农民，便和他唠家常。从贫苦人受地主的压榨到日军对百姓的掠夺，以及抗联的抗日救国，这一切使邵九经激起了强烈的爱国主义思想。他看到抗联战士身上穿得很单薄，便把自己猎到的狍子和几只山兔送给了抗联，感谢他们打日本、救中国，并说："你们放心地打日本兵吧，需要什么，我们一定全力支援你们。"从此，邵九经经常与抗联战士取得联系，他利用打猎的机会，送去战士们急需的油、盐、火柴等物资，并注意日军的动向，为抗联搜集情报。

一天，日军征用汽车运送棉衣、皮靴等物资。邵九经看见后心想，天这么冷，如果劫下来这批军用物资，就为抗联解决了困难。于是，他详细地打听出押运这批物资的人数、运送日军的路线和时间，连夜找到过去常和他联系的抗联联络员，把这一消息告诉了他。第二天，抗联队伍打了一个漂亮的伏击，全部歼灭了押车的十几名日军，缴获了大批过冬的物资和枪支弹药。

日军遭到伏击后，十分懊恼，寻找不到抗联的踪迹，便恶毒地向人民群众反扑过来，在"宁可错杀一千，绝不放走一个抗联"的反动口号下，疯狂地屠杀手无寸铁的百姓，同时派出大批军警特务，侦察抗联的动向，窥探是谁为抗联送过情报。

1935年秋季的一天，日军于拂晓前，将老黑顶子团团围住，天色微明，他们闯进了村，由于汉奸、坏人的出卖，日军很快发现了邵家的住所，并在院外架起了机枪，如狼似虎地冲进院子，将在睡梦中的邵家男女老少全部抓了起来，赶到了院子里。这时候，村里的百姓被惊醒了，他们不顾日军的恫吓，纷纷围了上来。一位乡亲趁日军不注意，伸手将邵家一个五岁的小男孩邵立群拽了出来。

凶恶的日军将邵九经一家老少带到村西背面的山脚下，周围架好了机枪。这时候，天已大亮，乡亲们被日军用刺刀远远地隔在一边。敌人用刺刀逼着邵九经，让他承认曾为抗联送过情报，并引诱说："只要你交代出抗联的下路，你一家都可以活命，皇军还有重赏！"邵九经怒视着敌人，愤怒地说："不知道！"并破口大骂："你们这些禽兽！杀了多少中国人，我们早晚要跟你们算这笔账！"日军恼羞成怒，端起刺刀号叫着杀向这一家老小，年轻的邵九经、邵九清准备与敌人搏斗，老人的怒吼声、孩子们的哭喊声混成一片。在日本兵的狂叫声和一阵枪声过后，邵九经一家全都倒了下去。全家除了在外面做事的邵九山、邵九春以及被乡亲们趁机救出来的邵立群幸免于难外，其余十条人命，就这样葬送在日本兵的枪口下。日军的一个小头目凶狠地对村里的百姓说："看到了吧，谁给抗联做事，谁不听皇军的话，这就是下场！"说完，又命令日本兵将尸体倒上汽油，点燃起来，乡亲们被这灭绝人性的暴行惊呆了。

日军撤退了，村里的群众及附近的人们来到了现场扑灭了烈火，十具烧焦了的尸体裸露了出来，横七竖八地躺在哪里。几岁的孩子惨死在母亲的身边，老人紧握着双拳……乡亲们把这些尸体收敛起来，埋在大坑里，起名叫"肉丘坟"。

今天的老黑顶子村面貌焕然一新，生活在幸福之中的人们并没有忘记过去，目前，村子西北角的"肉丘坟"，已作为日军屠杀中国人民的铁证而保存下来，以教育后代。

（五）"中马城"的秘密

1931年"九一八"事变，日本侵略者占领我国东北以后，日军参谋部和日本陆军省即在满洲境内建立了一个细菌实验室，专门从事研究使用烈性传染病菌进行细菌战的方法，试验所的负责人就是以后晋升为军区中将的石井四郎。

在哈尔滨建立恶魔般的细菌研究所是1933年的事情，这个研究所后来改成关东军防疫给水部本部，通称石井部队。最初，为了隐匿这个部队的特殊性质，对外曾叫"加茂部队"。"加茂部队"早先驻在背荫河附近，1938年改组，遂扩编成一支规模极大的秘密部队。

背荫河地处五常县城以北，省会哈尔滨之南，是拉滨铁路北段的一个小站，哈五（哈尔滨至五常）公路从村内穿过。交通方便。南靠双刀山北麓，东部丘陵起伏，西部则是一望无际的平原。镇东有东南转向西南的一条小河，名叫背荫河，故村名亦称背荫河。

"九一八"事变前，该地虽不属商贾荟萃之地，但也别有一番山区集镇的景象。

1932年初秋，突然从拉林开来一队全副武装的日本关东军，在当地守备队长、翻译和伪警察局分驻所所长的带领下，进了励家大院。仕商民等无不惊恐万分。

日军进驻背荫河之后，便召集商号东家和周围居民开会，会上宣布"三天内全部倒房子，皇军要占用"，然后布告全屯。随后，几家商号、药店、饭馆以及几家住户全部将店铺宅院腾出。至此，背荫河火车站东二里之内万余米住宅及建筑全部被日军占用，然后东南部又强占二十余垧地良田作为军用。随之大批的日本人——诸如宪兵队、守备队、警备队等便陆续进驻。

以后又从105家中每家轮派劳工20名，为日军修建所谓"中马城"。"中马城"是以日军中马大尉的名字命名。开工之后，劳工多者千余，少者百余，天天不空。

1933年初，厂南的飞机场已初具规模，落了两次飞机。这个机场既是机场，又是练兵场和打靶场。由火车站直达厂内的专用公路完工，原来由背荫河通往东部山区的道路改由北岗绕道而行，铁路专用线也相继修到院内。

到冬天这里已经建成一座阴森巨大的城堡，南北450米，东西230米，共约10 350平方米。内外三层套院，三道围墙，一道护城壕。墙各高5米，上安刺线电网，外墙四角相望，各修碉堡形炮台一座，上置探照灯，壕深5米，宽10米。远处只能看见城堡和高烟囱，院内一无所见。

天长日久，有人一见大烟囱冒烟时，便嗅到死尸的焦臭味。城堡东之赵家屯、程家岗、杨家桥屯农民也说："有时大烟囱冒烟后，顺风刮出一些黑色灰片子，近看上边均是布纹。"

拉滨铁路通车后，每次客车进站前，乘务员便把窗帘放下，乘警严厉警告旅客不得外看，不准窃窃私语。车下由警护队站岗，戒备十分森严。

"中马城"未修完时，拉林镇内设有日本守备队"小岛监狱"，内押人犯多戴手铐和脚镣的"要犯"。平素戒备森严，平民不能靠近。1934年夏天的一个夜晚，"小岛监狱"突然搬家，全部犯人均用带篷汽车拉走。一些"知情者"暗地说："全部拉到背荫河去了。"

半夜宵禁，车内呻吟，难闻的气味，火车放窗帘，给蒸包子馒头等一些事实，不能不引起一些人的怀疑："这座城是干什么的？"一天，附近居民何富彬半夜去偷看，当即被抓进城内，一直没有出来。此后再也没有人敢冒险了。

日军曾派出大量便衣、特务、密探四处探寻抗日联军的踪迹和群众的议论。日军首脑中马大尉携翻译深入店铺、饭馆，以认干亲、交朋友等手段游说："共存共荣""民族协和""皇军保护你们安居乐业"……又声称"小小的哈尔滨，大大的背荫河"，"牛头山要成为水旱码头"。久了，当地居民知道中马大尉是这座城堡的最高负责人，故称城堡为"中马城"。究竟"中马城"是干什么的，谁也说不明白，只感到这是一个戒备森严的极其秘密的城堡。

1936年农历八月二十七夜十时许，"中马城"内突然汽笛长鸣，探照灯四射，枪声、哇啦哇啦的喊声混作一团，日伪军倾巢出动，打着灯笼火把分四路搜查，挨家敲门查夜，惊醒了熟睡的人们，日伪军追问："红胡子的有没有？""外人有没有？"

就在日军、伪警察四处搜查之时，杨家桥屯民杨伯去地里看庄稼，发现两个带脚镣子的"犯人"，近前一问，他们说："是背荫河监狱里跑出来的，快帮忙把脚镣子砸开！"又说："跑出三十多人。"杨便去闫家洼子屯借一把大斧，将两个人的脚镣子给砸开，二人往东跑去了。同一时间程家岗农民吴化民背洋炮打更，突然见两个带脚镣子的人。吴化民想用洋炮，那两个人说："我们是从'中马城'跑出来的，别打，帮忙把脚镣子给砸开吧。"吴化民便喊其弟吴令民用小斧子剁，正在剁第四只时，从正西跑来一队日军和伪警察，吴化民便说："快往蛤蟆塘跑吧，那一只你就提着跑吧。"在剁脚镣子时一人说是冲河的，另一个说是关里的，又说："我们都是押在院内地窖里的，今天晚间一个人告诉我们，还不快跑，不跑明天就得死，我们就是这样跑出来的，一共三十多人。"又说："那里吃得好，隔几天抽一回血。有时叫出去抽完血，就再也没回来，不知哪去了。"这次越狱后，一个农民领着从"中马城"跑出的12人投奔了抗联三军赵尚志的队伍。

1937年农历三月十五日，"中马城"有突然枪声大作，爆炸声震耳，顿时，人喊马叫，探照灯四射，日军伪警察四处搜查，追问："有没有红胡子？"事后，人们方知是抗联战士将"中马城"的弹药库炸毁。

同年8月，"中马城"因两次被抗联破坏，加之抗联的两次袭击，感到秘密已经泄露，不得不秘密搬迁。

1945年日本侵略者投降后，"中马城"这个不让中国人靠近一步的禁地，被愤怒的中国人一拥而进，拆房子、烧红砖、扒木料。据进入"中马城"的当地农民证实："中马城"内三层套院，西套院为宪兵队兵营和仓库，东套院为守备兵营，北套院为换岗室及警备队兵营，中有一高烟囱和锅炉以及监号。监号的窗户外加铁护栏，每十五间有一个门，房之间均有隔墙。又证实说："大多数监号室内已用白灰刷新，但个别墙上仍有能看到紫黑色的血迹。其中一个屋没有白灰，故墙上、地上均是血迹斑斑，使人见了不寒而栗。"

有的农民在挖地下管道时，在地沟里曾挖出一顶中国式的毡帽，上面就有血迹和头发。还有农民打开一个地洞，见全是中国式的各种衣服，还有乌拉、毡帽、皮鞋。又有人从水管道底下挖出二三百个铁筒，打开一看，内装有黑色的骨头，另一个农民在煤堆里挖出一大堆人骨头。人们方信："这里真是杀人工厂呀！"

投奔抗联三军赵尚志队伍的12个人都是农民，原押在哈尔滨监狱，一天晚间突然由日军押上火车运到"中马城"，他们是在王子阳同志领导下冲出"中马城"找到队伍的。这些同志都参加了抗联队伍，王子阳后升为七师师长。他们到队之后，含泪说出了"中马城"的内幕："在中马城吃大米白面，有酒有肉，顿顿吃好的，但是每隔几天就由身着白衣服的日本人抽上一大管血，支持不了，养几天再抽，直到最后支持不起来时强制抽完血，便送进焚尸炉焚化。"惨死在"中马城"的中国人有多少，已无法考究。

据资料记载：越狱逃出参加抗联的12名同志都为革命而先后战死。组织这次暴动越狱的领导者王子阳也于1937年在木兰为祖国流尽了最后一滴血。

第三节　建立民主政权

一、五常县民主政府建立

1946年1月1日清晨，五常镇的大街小巷，人声鼎沸。这情景，乃是人们热烈欢迎东北民主联军第三纵队第二支队进驻五常县城。这个部队刚一进驻，就向县城居民发布了安民告示，宣布五常县城已经解放，由中国共产党领导的人民军队接管了政权。布告要求县城人民各安职守，各行各业照常营业，人民军队保护群众利益，部队支持群众生产、生活和经商活动等等。人民看了告示，消除了恐慌心理，各私人店铺、商号都开板营业，各家饭宿也照常营业，小商小贩都活跃在街头，叫买叫卖，一派清平景象。

部队解放了五常县城以后，按中共中央规定，在新解放的城镇地方政府没建立之前，暂由部队代行地方政权。二支队党组织决定派徐诚之同志任代县长工作，但必须召开一次有代表性的会议，进行选举产生。

　　1月4日上午，由部队牵头主持召开了五常县各界人民代表会议。据当时参加会议的张跃堂回忆，参加会议的人员有：原邮政局局长刘义、县医院事务员张跃堂、"义盛源"经理黑荫臣、"永庆恒"经理潘子枢、"新亚药店"经理贺佰石、"福长生"经理王桐以及程玉珣等20余人。上午10时，人到齐了，部队的张秘书把大家召集到原伪县长署总务科办公室开会。会议由张秘书主持。张秘书向在座的介绍一位四方脸、中等个、两眼炯炯有神、穿着军装的人说："这位是徐诚之同志，他是山东省胶城人，1921年10月生，1938年10月参加革命工作，1939年任我山东纵队第五支队干事，1940年9月去'抗大'一分校学习，先当学员，后当干事和教员。1944年9月到胶东工学兵团任教导员，1945年日军投降后，随军进入东北，现任辽东人民自卫军三纵队二支队宣传股长。在多年的革命生涯中，他积累了丰富的战斗经验和地方工作经验，部队推荐他作五常县民主联合政府的代县长，大家考虑考虑有啥意见没有？"徐诚之同志又站起来，向大家行举手礼。在座的各位代表听了介绍过程，立即热烈鼓掌，表示拥护。徐诚之接着讲话："我首先祝贺五常县的解放，今天各界代表信任我，选我来做代县长的工作，我深深感到责任重大，同时感谢大家的信任，我决心竭尽全力做好工作，不辜负父老乡亲们的重托。我们民主政府是全心全意为人民服务的政府，在共产党领导下的民主政府，不像旧社会的县衙门。过去的衙门是为地主阶级服务的，穷苦百姓有苦无处诉，有冤没处申。现在的政府，是为受压迫、受剥削的穷苦人民做主办事，今后请大家多联系，把五常县的工作做好。"最后，张秘书说："为了庆祝民主政府的成立，请各位代表吃顿便饭。"同时，还发给参加会议的代表，每人一份《论民主联合政府》和《论人民民主专政》两本小册子，供各位代表学习。

五常县民主联合政府的建立，第一次通过各界代表民主选举产生了县长，揭开了五常县历史的新篇章。1月15日，徐诚之被调回部队，松江省政府派徐新到五常县任县长工作。县民主政府成立后，为适立解放战争的需要和加强地方政府的骨干力量，二支队又派干部负责各方面的工作。

县民主政府建立后，抓的主要工作是：

第一是为部队换装和扩充兵源。因部队从关内来的许多同志，身着单衣，脚穿夹鞋，在天寒地冻的东北行军打仗是困难重重的。县政府派人和商会联系，在县城商会中筹集到了一批物资，为穿单薄的战士换上了棉衣、棉鞋等。同时向当地的失业林业工人、青年农民、当劳工回来的青壮年等，向他们宣传八路军是人民的子弟兵，是一支好部队，因而青壮年踊跃参军，使二支队在五常迅速扩大了编制，整编成两个团，兵力达5 000人以上。

第二，加强了军事，清除匪患。县民主政府为了加强保卫和剿匪工作的需要，建立约500人的县独立团。当时五常县城虽然解放了，但县境内偏远的山区、村屯仍有胡匪盘踞着，他们到处骚扰、抢劫、靳索、打骂百姓，群众生活仍处在水深火热之中，因此，建县以后，就要迅速剿灭土匪，清楚匪患，保持社会的安定。驻县的二支队两个连和三五九旅一个连及新组建的县独立团的指战员，全力以赴，进行剿匪。肃清了全县的土匪。

第三，加强了区、村政权的建设，民主政府建立后，对已解放的区、村，随时派遣干部前去建立政权。

到1947年夏季，全县（不含拉林）建立了11个区政府和159个村级政府的政权，有效地行使着行政权力，完成了各级党组织部署的各项工作任务。

第四，动员大批人力、物资支援解放战争。五常县是解放较早的地区，在毛主席"建立巩固的东北根据地"指示精神指导下，全国的中心任务是"打倒蒋介石，解放全中国"。县民主政府把支援解放战争作为重要工作来抓，在"一切为了全线"的口号下，除动员青壮年参军参战，壮大主力部队外，全县动员筹集了大批的粮食、蔬菜和被服等，不断运往前线，全力支援解放战争，为争取解放战争的胜利，做出了应有的贡献。

二、党组织的建立与发展

1946年1月1日，东北人民自卫军三纵队二支队击溃了五常地方治安维持会匪队，解放了五常县。1月4日，五常县民主联合政府宣告成立。2月2日，中共松江省工作委员会派出由关内来东北的干部大队队长张剑飞，以及张兆美、弘之，丁宏、郑秀峰等同志来五常县，根据省委的指示，组建了中共五常县工作委员会，隶属于松江省工委哈南地委，工委书记张剑飞。当时，党的组织处于秘密活动时期，县工委和县工委领导人的职务、身份都不公开。县工委工作机构对外称"民众运动工作部"，简称民运部。工委书记的公开职务称政委。中共五常县工作委员会，从3月开始，组织民运工作队分赴各区开展群众工作，发动群众清剿顽匪、清算汉奸，减租减息等，并相继建立了"民工联分会""自卫团队""妇女联合会"等群众性团体组织。在斗争中，涌现出一大批政治思想觉悟高、工作积极热情的积极分子，起到了骨干带头作用，成为建立巩固的东北根据地的依靠力量，为发展党员，壮大党的队伍奠定了基础。

1946年4月22日，东北局发给《关于发展党的指示》，指出我们的干部已经开始了解各地情况，群众开始发动起来，清算分地斗争已开始进行，党与群众开始建立了联系。为了建立巩固的根据地，必须有强大的党的组织，现在应该在斗争中慎重的发展党员，建立党的组织。但当时东北的战局形式都很严峻，国民党中央军已占领长春、四平，并叫嚣要占领哈尔滨、牡丹江。由于国民党捣乱和破坏，加之刚刚从日伪统治压迫下解放的群众，对共产党还不够了解，一时还不能在基层群众中广泛地发展党员。因此，县委从实际出发，实行控制发展的方针，遵照"斗争中发展，个别考察，秘密发展"的原则，进行了秘密发展党员工作。同年5月，工委书记张剑飞调离，由张兆美代理工委书记。6月，根据东北革命战争形势和组织建设的需要，中共松江省工作委员会改为松江省委员会。随之，中共五常县工作委员会改为中共五常县委员会。7月，封仲斌任五常县委书记兼民运部政委。9月19日，中共松江省委发出的《关于发展党员的指示》中指出：为坚持长期斗争，加强党在群众中的领导，创建根据地，必须在发动群众中大量发展党员，壮大党的组织。要求各地党委和"土改"工作团，积极吸收有阶级觉悟、斗争积极的贫苦农民和青年知识分子入党。领导干部要亲自动手，认真负责，切实做到严格审查，个别吸收，把住新党员质量关。县委根据省委的要求，认真贯彻执行"积极慎重"发展党的方针，向各区委提出：目前发展党的工作有的地区不甚注意，还有的放不开手大胆吸收。要求各区认真研究在煮"夹生饭"中抓紧这一工作。这一时期，在重大革命斗争中发现积极分子，并在斗争中进行考察和培养，使全县发展党的工作进展很快。反奸清算斗争时期，发展党员144名；煮"夹生饭"时期，发展党员96名；"砍挖"运动时期，发展党员79名；平分土地时期，发展党员234名。整个秘密建党时期，五常县不包括区级以上机关共发展党员553名，建立起基层党支部委员会72个。

11月，县委在总结《群众工作》中指出：发展党员必须是斗争中积极大胆、历史清白，决心依靠共产党的贫苦农民、城市工人和贫苦知识分子，必须让有组织工作经验的同志找他们谈话，加以审查，个别发展，以保证党的队伍的纯洁性。同时，又强调要求，留一个或两个人单线领导，预防应付不利环境的变化。在党的基层组织建设上，要求发展党员不超过15人的地方，不设支部组织。

1947年1月18日，县委在县内9个区派任分区委员21名（每区2到3名）成立城关、大房子、兰彩桥、小山子、冲河、宋家店、五常堡、腰贡等9个区党员的委员会。

1947年秋，东北形势发展很快。战略后方的剿匪斗争已取得了决定性胜利，广大群众对斗争充满了信心和希望。加之煮"夹生饭"和"砍挖"运动广泛深入地开展，坏干部被清除领导岗位，贫下中农的优势已经建立起来，群众觉悟不断提高，越来越多的群众坚决拥护党的领导，并主动靠近党，积极主动要求加入中国共产党，已经具备了广泛地发展党员、建立党的基层组织的条件。

1947年冬，结合土地改革，开展了以查阶级、查思想、查作风和整顿组织、整顿思想、整顿作风为主要内容的"三查""三整"的整党运动。主要解决党的地方组织，存在组织不纯和作风不纯问题。通过整党，提高了党员的思想和政治水平，增强了革命观念和群众观点，改进了作风，整顿党的基层组织，纯洁了党的队伍，密切了党群关系，提高了党的威信。

1948年6月，将山河、向阳、沙河子3个区划回五常县后，山河为中共第十区委员会，沙河子、向阳为中共第十一区委员会。

1948年夏，全县土地改革运动以胜利完成，大生产运动已蓬勃开展起来，各项建设事业正在相继兴起，东北地区的解放战争取得伟大胜利。为了适应形势和根据地建设的需要，中共五常县委召开了区委书记联席会议，系统地总结了秘密建党工作，认真研究讨论了公开建党方针，县委书记封仲斌亲自带队，进行公开建党试点工作。

全县公开建党工作，自8月下旬开始，至12月份结束，共发展党员1 209名，比秘密建党时期发展的增加了一倍以上。截至1948年底，全县已有党员1 662名，占当时全县总人口数的0.66%。从性别上分，男党员1 502名，占党员总数的90.37%；女党员160名，占9.63%。全县建立党支部委员会99个，全县共有党小组326个。

三、开展土地改革运动

1946年初，五常县民主联合政府成立后，在中国共产党的领导下，边开展剿匪和锄奸反霸斗争，边实行减租减息，恢复和发展生产。同时，组织农工会，训练干部和积极分子，于同年秋开展了轰轰烈烈的土地改革运动。

县农工代表大会于11月4日正式开幕。到会270多名翻身农民代表，听取了会议主持人、中共五常县委书记、县民运工作部政委封仲斌"关于召开全县农工代表大会重大意义"的报告。报告中指出："今天咱们都翻身解放了，由过去甘受压迫、剥削的'土包子'、亡国奴变成了五常县的主人公。这是刚刚开始，我们还要子子孙孙永远翻身过好日子。我们在共产党领导下，打败了日本侵略者。现在，我们农工大众只要和八路军紧密团结在一起，就一定能打垮蒋介石反动派的进攻。"

松江省主席冯仲云、省军区罗师长、哈南军分区副司令员刘可天都出席了代表大会，并讲话鼓励与会代表，要认真总结翻身解放的经验，当家做主，坚定信心，把土地改革和爱国保田自卫战争坚持到底。

冯主席在讲话中指出："八路军的工作队来东北，已经用事实告诉老百姓一个真理：'老百姓要翻身，有冤报冤，有仇报仇。'地主恶霸、汉奸、土匪们，只是鬼子、洋人的狗牙，狗爪、狗腿子。人民大众团结起来了，他们就都缴枪求饶了。"

县首次农工代表大会历经五天时间，于11月9日结束。会议号召全县人民团结起来，防止地主反扒，搞好生产、过好日子。各代表团均表示翻身不忘共产党，不忘毛主席，拥护子弟兵，选好青年参加八路军，搞好联防自卫，搞好生产，巩固新政权。

四、开展剿匪斗争

八家子战斗

日本侵略军投降后，国民党特务王正武和国民党二十军副军长左建棠与五常县八家子伪满汉奸、大地主吴连元、李庆瑞、方振国相勾结，组织国民党先遣军第三军。其前身是旧军考凤林的旧部，亦称"三军"。抗日战争时期，考凤林接受一些进步思想，曾一度率领部队抗日，后被左建棠杀害。改成三军后，王正武任军长，左建棠任副军长，李庆瑞、方振国任正副参谋长。下辖4个团和1个独立团。1945年11月上旬，三军占领八家子，并派部队进攻驻守拉林的八路军，又在红旗乡瞪眼沟袭击过哈南军分区的部队，遭到八路军的打击后，固守八家子竖起大旗，招兵买马，不久便网罗了2 500多人，气焰十分嚣张。中国共产党为了保卫人民胜利果实，组织人民拿起武器开展了剿匪斗争。在原东北抗日联军将领赵尚志部下的第四支队队长严冲的领导下，在阿城县成立了县保安大队，不到一个月的时间扩大成三个团。不久，从关内来的新四军干部充实到各团以后，改名为东北人民自卫军，归罗华生领导的哈东军分区直接领导。松江省军区政委张秀山等首长决定首先消灭盘踞在八家子的"国民党先遣第三军"。1945年11月，自卫军一团由宾县出发，在八家子北与哈南军分区刘登远、王桥率领的老七团会师，然后包围八家子。

八家子是位于五常、阿城、拉林之间的一个小集镇，地势较高，四周都是开阔地，有土城墙和护城沟，易守难攻。敌军有2 500多人，人民自卫军两个团只有1 800人左右。鉴于这种情况，当时确定的作战方案是，包围南、西、北三面，网开东西，在离东门2里地左右设伏，然后三面猛攻，务求多消灭敌人。根据这一方案，由七团包围八家子南面和西南面，一团包围西面、北面和东北面，由朝鲜族大队在城东设伏。

11月26日晨，战斗打响了，当时刚下头场大雪，雪深一尺多，人民自卫军指战员不顾天寒衣单，英勇顽强，战斗情绪高昂，经过一天一夜激战，七团先在西南角炸开城墙，攻入城内，敌人动摇，慌忙从东门逃跑，又遭到朝鲜族大队的阻击，打死打伤敌人130余人，打散1 000多人，余匪往阿城方向逃跑。自卫军跟踪追击，在张家油坊（今属阿城县）消灭敌人一个连，击毙一个营长，打散一部，在张家塘房（今属阿城县）消灭敌人一个旅部，击毙旅长以下300多人，其余逃散。副军长左建棠同其残匪11人，逃回阿城小岭区时，被北岗屯民兵打死。匪首王明德在八家子城外收拾残兵奔往二道河对李家屯，自卫军杨营长随后追击，在对李家西门外发生激战。敌遭惨败后，王明德率匪逃至小山子与刘昨飞、刘国良匪部会合，至此，八家子战斗结束。

这次战斗，消灭了国民党先遣军第三军，整个战役共打死打伤敌人470余名，俘虏357名，缴获轻重机枪20余挺、步枪300余支、掷弹筒10余个，以及其他战利品。这次战斗中，我军牺牲240人，冻伤30余人，伤30余人，牺牲的指战员被埋葬在八家子东门外的高岗上。五常县人民每年清明节，都前往陵园祭扫，以悼念烈士英灵。

解放五常县城

1945年12月31日，东北人民自卫军三纵队二支队在副支队长田松的带领下，解放榆树县城以后，队伍还在修整时，又接令进军五常，遂从榆树出发，12月31日下午4时，二大队先头部队已进军到五常县西团山子村孙大骡子屯，与五常县敌保卫总队一大队队长宋树棠（绰号"宋五阎王"）所率领的伏击部队遭遇。二大队五中队在中队长李兰村等率领下，发起猛烈进攻，一举粉碎了敌人的阻击。敌大队长宋树棠受伤后率百余人投降，敌一中队长许桂三被俘，残敌向五常县逃窜，战斗中二支队略有伤亡。五中队长李兰村和陈振义牺牲。

战斗结束后，二大队直接攻打五常县城。当时五常县城守敌有七八百人。二支队突袭县城西门，守敌惊惶万状，混乱不堪，一触即溃。二支队无一伤亡。迅速占领了西门，接着占领了五常县伪县公署和南门。此时，山河屯守敌一部共50余人分乘六七张马爬犁，急速向五常县城增援。当敌人到达县城南门外还没明白已经进入了伏击圈时，就被收缴了武器，当了俘虏。于1946年1月1日顺利地解放了五常县城。

这次五常县城的战斗是团山子战斗的继续。两次战斗除毙伤少数敌人外，共俘虏和收降了400余人。

1946年1月，被击溃的敌伪残部，在五常县东部山区集结，其中有五常县伪保卫总队一大队三中队长杨树林队（一大队长宋树棠被迫投降后，图谋不轨，被我军镇压，这是他的残部）、二大队队长张俊奎队、六大队长薛连峰队等共600余人，统归国民党"光复军"五常县支队长刘育堂指挥。凭他们武器装备较好，匪徒中有许多人为国兵、警察、惯匪，有的射击技术较高，被称为"炮手"等优越条件，趁进入五常县城的东北人民自卫军第三纵队第二支队奉命向牡丹江挺进，县城内后方医院200多名伤病员和供给处大量辎重物资以外，只留下警卫连和一团八连负责警卫，连同驻守县城的三五九旅1个连和本县1个朝鲜族连队，共百余人全是新兵之机，策划偷袭五常县城。为此，敌人胁迫民众集聚了400张马爬犁，其中200张拉匪徒，200张准备拉抢掠的财物，并派特务潜入城内，企图里应外合。声称"要以武力推翻五常县民主政府，消灭城内的共产党、八路军，在五常过年，迎接国民党主力军到来。"反动气焰十分嚣张。遂于1月29日晚向五常县袭来。

深夜，二支队八连侦察小组，发现土匪向县城运动，县城总指挥向各连下令，各连随机进入防御阵地。次日（1月30日）拂晓，土匪利用干沟隐蔽地首先接近守卫在南城墙的八连阵地。土匪进攻火力凶猛，八连战士英勇还击，战斗十分激烈。战斗打响不久，人民自卫军李象观（供给处长）、林展卿（警卫大队副教导员）两位城防正副指挥，即到八连直接指挥战斗。这时，城东、城北的敌人也发起了进攻。八连机枪班长袁树芳将刚修理好的一架旧重机枪抬上了阵地，副连长张永杨亲自担任射击手，文化教员徐增光、文书张炳田等担任弹药手，在敌人"炮手"向重机枪射击下，张永杨左肩负伤被送下火线。副指导员宫野进接过重机枪继续射击，并不断地变换着射击位置，有效地发挥了重机枪的威力。在全连指战员的英勇打击下，敌人的进攻终于被阻止住。

敌人的主攻方向被阻后，随即集中兵力向防守北城墙的朝鲜族连发起进攻。这个连人数少、武器差，是城防的薄弱环节，但城北地势平坦，不利于敌人运动接近。然而此刻隐蔽在城内的匪特，突然在该连背后发动袭击，使该连腹背受敌，阵地被突破，联队被分成两部分，被迫撤出城外。

土匪突破城北阵地后，顺着大街直窜十字街口，向其他3个连队背后发动袭击，顿时，各连队都遭到一些伤亡。八连战士立即转身还击，但因无坚可守，也被截成两部分，少数战士在班长柯柏华率领下向警卫二连靠拢，参加了守卫后方医院的战斗。多数战士在城防正、副指挥和连长、指导员率领下，有组织地向敌人还击，逐步由城西南撤出城外。

三五九旅的连队撤到城西北隅县政府大院内固守。警卫二连在连长宫本善、指导员年永鹏指挥下，撤到城东街后方医院等大院固守，此时敌人妄图冲进医院，屠杀伤病员，院内进行着激烈的争夺战，土匪进攻十分疯狂。此刻，伤病员、勤杂人员，凡能参战的都参加了战斗。战斗一直持续到午后两点多钟，匪徒的嚣张气焰暂时被压了下去，但他们仍在组织新的进攻，战斗仍在时断时续地进行。

人民自卫军三支队1个运输分队，得悉匪徒正与我军争夺五常县城，为支援二支队作战，便于1月30日下午3点，开着汽车从城北公路冲进城内。出敌不意，以机枪、步枪猛烈向敌扫射。守城连队也当即发起反击。意外的打击，使匪徒惊慌失措，以为我军大部队赶到，随即一片混乱，四散逃命。

此次战斗被群众誉为"红旗不落的保卫战"。

小山子战斗

小山子镇位于五常县东部，距县城七十多华里，东部是连绵起伏的山峦，连接着张广才岭。这里山高林密，地势险要，易守难攻，是连结哈南和哈东地区的门户，战略地位十分重要。

日本投降后，国民党的接收大员飞来东北，对日伪遗留下来的汉奸、特务、军警及土匪、地主武装进行收编加委，网罗反动武装，妄图抢夺人民的胜利果实。为建立巩固的东北根据地，准备解放战争的大反攻，我党派遣干部和部队与其进行了针锋相对的斗争。1946年1月初，东北民主联军辽宁总队二十队进驻五常，建立了五常县民主政府。1月3日，部队在支队长田松、政治委员李伟、参谋长王瑞武、政治部主任房定辰及二团政委曲波率领下，奉命挺进牡丹江一带追缴残匪。部队转移后，中共松江省工委派张剑飞出任中共五常县委书记，开始发动群众进行减租减息和剿匪反霸斗争。

其间，国民党派员纠集了国民党新编二十七军一〇六师师长刘昨非，冲河的薛岚峰，延寿的栾玉礼，小山子一带的陈振东、刘国良，在八家子战斗中被我军击溃的王明德以及"一枝花"、张奎甲等股匪，组成所谓的"国民党东北挺进军"，共计1 700余人，号称五县（五常、珠河、苇河、延寿、方正）联合纵队。这些垂死挣扎的顽匪，受国民党的封官加委，气焰嚣张，活动猖獗。他们骚扰我政权，袭击我部队，残害我人民，奸、掠、烧、杀，干尽了坏事，老百姓对其恨之入骨。

先是1月16日，刘昨非、刘国良、陈振东、张奎甲等股匪在小山子镇西门外的宋家屯，阻击我东进部队，向我军开枪射击。我军当即进行还击，战斗持续一天一夜。由于我军奉命东进，故此役未对溃逃之匪徒继续追击。

2月上旬，在我小山子区政府成立之际，陈振东等土匪当即包围了区政府所在地"会兴东"烧锅。区长张守约同志率领区中队英勇抵抗，奋力突围，终因寡不敌众，十几名区中队战士壮烈牺牲。在小山子群众的掩护下，张守约同志趁夜化装突围，向县委汇报了小山子情况。

匪徒得逞于一时，气焰更加嚣张。他们扬言："宁蹲监狱看山头，不蹲山头看监狱。"七股匪徒麇集小山子镇内，修城驻险，放置路障，妄图凭借小山子的地理条件与我军顽抗到底，决一死战。一时间，一个千余户的小镇，被那些如狼似虎的匪徒闹得乌烟瘴气。隆冬时节，暖屋热炕被土匪抢占了，东西被抢光了。白天，男人被赶去修工事，女人被抓去做饭，老年人被逼去给土匪遛马、喂牲口，土匪挨家挨户，"打粳米，骂白面"。入夜，更是匪徒为非作歹的时候，酒足饭饱之后，四处乱窜，奸淫杀掠。日本投降后，刚刚过上了几天的安稳日子的小山子人民，又陷于灾难沉重的匪患之中。

中共五常县委根据敌情，及时向驻守在拉林的哈南军分区司令员王奎先同志请示。王司令员亲自赶到五常，会同五常县委研究制定了剿匪计划。中共松江省委书记、军区政委张秀山决定：王奎先司令员亲任总指挥，七团团长刘登远和五常县独立团团长张希尧为前沿指挥。由哈南军分区派出七团、九团、骑兵团及五常县独立团开往小山子剿匪。我军两路出击：一路从拉林出发，途经八家子、二道河子，昼夜兼程，急行军二百余里；另一路从五常出发，直插小山子西门。当时天降鹅毛大雪，地上积雪一尺多深，指战员们风餐露宿，在恶劣的气候条件下，于2月17日开到小山子城外，三面包围，与土匪展开了激战。

小山子镇东西、南北各延伸2华里，城墙高达2米，城墙脚下是又宽又深的护城沟。狡猾的匪徒在靠近墙角一侧的沟帮上浇筑了冰坡，光滑如镜；平时供人们出入的城门都被封死，门口改成了炮台；匪徒还把城内群众驱赶到前沿，以为屏障，他们则躲在群众的后面，向我开枪放炮。这样，我军虽然在兵力和装备上优于敌人，但进攻非常困难。为避免伤害群众，前线指挥部决定不用炮击，采用短兵相接的办法，不惜一切代价接近敌人，保护群众的安全。于是，我军连续发起十几次冲锋，都因路滑、沟深、坡陡、墙高，加之火力伸展不开，没能攻进城去。白天攻打不下，晚间继续攻打。敌人怕我夜间攻城，把城内群众的衣服、被褥抢来，浇上豆油，用火点燃，在城上每隔十米左右设一火堆，用以照明。他们还组织一个"流动支援队,用马爬犁拉着机枪、小炮,以'黑炮手'为骨干",哪里枪声密集,哪里吃紧就赶到哪里去支援。

土匪的暴行、僵持的局面把我军指战员的眼睛都气红了。六天六夜,指战员们爬冰卧雪,激战不息,付出了极大代价。负责攻打东北城墙的七团七连,曾转战太行山区。屡立战功,是朱德总司令亲自命名为"钢铁连"的英雄连队。为消灭顽匪,指战员们以压倒一切敌人的英雄气概多次发起强攻,几次直逼城下,打乱了土匪的阵脚。惊慌失措的土匪急忙抽调大批兵力和轻重武器,拼命阻击钢铁连的进攻。钢铁连虽身临险境,但指战员们为了牵制敌人,给兄弟连队创造战机,前仆后继,攻城不止,连长李财顺同志及其部下七十二名战士壮烈牺牲。22日拂晓,负责攻打西北城墙的五常县独立团,冒着所谓"神枪手"的匪首"一枝花"(本名王桂芝)射来的枪弹,冲到城下,用炸药把城墙炸开,全军立即冲进城内,同匪徒展开了激烈的巷战和白刃战。此时,敌人的"流动支援队"已不能起作用了,匪队乱作一团,溃不成军,自相争夺马爬犁,仓皇逃窜。

此役,我军击毙匪徒700余名,嚣张一时,号称"五县联合纵队"的匪队被彻底粉碎,几个匪首带领残部向东南山里狼狈逃窜。

小山子战斗以它辉煌的战绩大大加速了哈南、哈东地区的剿匪进程,有力地巩固了人民政权,保卫、推动了减租减息和根据地的建设。我军指战员在战斗中建树的丰功伟绩,以及他们对敌人强烈的憎恨,对人民无私的热爱永远铭刻在人民心中。为纪念死难烈士和教育后代,五常各界人民在当年子弟兵浴血奋战的小山子东门外,建造了烈士陵园,青松翠柳之间安葬着烈士的忠骨,一座近30米高的银灰色纪念碑铭刻着当年的鏖战情景和人们的哀思。每当清明节，各界代表都来这里祭扫、凭吊，工、青、妇和少先队组织来这里举行了纪念活动，当年的斗争永远激励着人们在"四化"建设中开拓前进。

第三章　五常发展变化

第一节　农村经济迅猛发展

五常市紧紧围绕"提高增效转方式、稳粮增收可持续"，加速农业现代化实现全面小康目标，牢固树立和深入贯彻落实"创新、协调、绿色、开放、共享"的发展理念，农业农村经济呈现稳中有进、稳中向优的良好态势。2018年，全年农业总产值210亿元，实现农村人均收入16 000余元，粮食总产45亿斤。在全国现代农业产业园创建绩效评价中名列前茅，被认定为首批国家现代农业产业园。

种植结构调整　把农业种植结构调整列为工作重点、大力调整农业种植结构，综合各乡镇的特点，制定科学的结构调整方案。全市水稻种植面积223.7万亩，玉米面积161.4万亩，蔬菜面积21万亩，其他经济作物面积17.5万亩。

农产品+电商建设　五常市同阿里巴巴集团签订诚信联盟，并与其麾下天猫、菜鸟合作共同搭建起"互联网+农产品"营销新平台。同时建设农村电子商务综合服务中心，仓储物流体系，农产品电商品质保障和溯源体系，并在网上开设五常大米旗舰店、专营店、卖场等平台销售保真五常大米销售，实现"网货下乡"和"五常大米进城"的双向流通。

农业现代化建设　五常市为加快构建现代农业产业体系，制定《五常市现代农业产业体系建设方案》。完善水稻、玉米、蔬菜产前、产中、产后的基础设施配套和农业服务配套，新建智能化浸种催芽车间、育苗小区、大型喷灌装备等基础设施、组建34个大型农机合作社、14个农机服务队，建立72个环境监测点、6个测土配方站。

新型经营主体　发展农业企业、农民专业合作社、家庭农场、专业大户四类新型经营主体，农业企业发展到299家，农业合作社5 378家，家庭农场150家、种养大户350户，土地规模经营198万亩。

农村经济管理　2018年，五常市积极开展培育和发展新型农业经营主体工作，促进农业转型升级，加强种养大户、家庭农场、农民专业合作社和农业龙头企业的培育和创建工作，并积极争取普及哈市财政扶持资金，将五常市新型农业经营主体做大做强。

第二节　工业经济方兴未艾

五常市工业按照市委、市政府的工作部署，围绕"一区二园"建设，积极打造强势工业。通过抓项目、提速度、争投入、强质量，在工业经济运行、产业开发、固定资产投入、企业改革等方面做了大量工作，使工业经济实现平衡增长。2016年全市规上企业实现产值474.7亿元，占全年计划的101%，规上工业累计实现增加值113.9亿元，实现利润13.1亿元；实现税金7亿元。

2018年是五常工业跃进的一年，也是五常工业发展最辉煌的一年。这一年五常工业在省县域经济排名中，跻身全省"十强县"行列，在哈尔滨市排名中，五常工业综合排名第一名。

1985年末，全县共有各类工业企业5 516个（含个体工业户4 791户），职工和从业人员44 395人（含个体工业人员10 535人），年工业总产值27 949万元（含个体工业2 725万元），比1980年增长36.6%，是1949年全县工业总产值285.5万元的97.8倍。

2016年，五常市围绕"一区三园"建设，积极打造强势工业，通过抓项目、提速度、争投入、强质量，在工业的经济运行、产业开发、固定资产投入、企业改革等方面做了大量工作，使工业经济实现平稳增长。各项工作取得明显成效。全市规上企业实现产值474.7亿元，同比增长2.7%。

2016年是五常工业跃进的一年，也是五常工业发展最辉煌的一年。这一年五常工业在省县域经济排名中，名列第十，跻身全省"十强县"行列；这一年在哈尔滨市县排名中，五常工业综合排名第一位。

截至2018年末，五常市工业固定资产投资完成102亿元，累计上报产业项目72项，其中省重点项目6项，哈市重点项目10项。项目计划总投资107亿元，其中省重点项目计划投资29亿元，哈市重点项目计划投资12亿元。全市工业完成项目投资60亿元，占工业项目总投资的78%，哈市重点项目完成投资10.1亿元，占哈市重点项目投资的68%。

牛家经济开发区

2016年，是实施"十三五"规划的开局之年，是牛家经开区调整结构、提档升级、提质增效，实现良性发展的关键一年，按照市委、市政府的部署，坚持稳中求进总基调，以建设经济性、生态型、和谐型园区为目标，加强项目建设进度，加大基础设施投入，优化发展环境，强化企业服务与管理等工作的落实。2018年一区三园规模以上工业企业实现产值169亿元，同比增长

2.25%；经济开发区规模以上工业实现产值60.9亿元，同比增长3.71%，实现经开区经济平稳运行良好局面。

经开区基础设施建设顺利推进。经开区基础设施累计投资13.5亿元，其中2018年完成投资3.2亿元，高标准规划配套工程建设。计划投资5 072万元，建设垃圾处理厂，2018年完成投资12 931.45万元；计划投资21 161.22万元建设供水厂，2018年完成投资15 395.38万元，基础设施达到"七通一平"标准。

招商引资势头良好。继续坚持"宁可慢一点也要好一点、宁可少一点也要大一点"的思想，做到"两个引进、严把三关、五个不上"，紧紧围绕装备制造、医药、食品加工、木制品加工、循环经济定位，重点引进投资、带动能力强、对财政贡献大的项目，做大做强汽车零部件、食品加工产业园。2018年末，经开区引进项目136个，计划总投资237亿元。经开区循环经济产业园原计划落户5个项目因环评原因，在调整中，5个循环经济项目总投资8亿元将同时落户经开区。

第三节　商贸流通繁荣昌盛

五常市商贸部门在市委、市政府的正确领导下，认真贯彻市委市政府有关工作会议精神，围绕完成市经济社会发展总体思路，认真抓好企业改制、债务化解、安全生产、信诚稳定等项工作。多部门联动，与统计局、国地税、工商等部门共同努力加强对重点流通企业的清查，保证限上企业的数量和质量，应统必统，不留遗漏，超额完成全年社会消费品零售总额指标。

粮食商业　粮食局按照市委、市政府和上级粮食部门的部署，不断适应粮食系统流通工作的新常态，锐意进取，努力拼搏，全市地方国有粮食购销企业粮食储量、基础设施建设规模、经济效益和全市粮食加工企业产品销售收入均创历史新高，各项重点工作不断取得新成效。五常市粮食局被评为2018年哈尔滨市粮食统计工作先进单位。

供销合作商业　按照省社、哈尔滨社相关工作会议要求，适应发展新常态，把握稳中求进总基调，巩固基础、扩宽领域，外抓经营，内抓监管，努力推进综合改革试点工作取得较好工作成果。全系统2018年完成商品销售总额12.1亿元，农副产品采购总额2.3亿元，利润总额705万元。

农民专业合作社建设　组织25个乡镇供销农民专业合作社联社再联合，创建五常市供销农民专业合作社103个。联社在市供销社的业务指导和监督管理下，以联合、合作为纽带，有效整合成员单位的土地流转、知名品牌、有机认证、生产加工、销售渠道等各方优势资源，重点以五常供销合作米业有限公司为龙头，着力打造供销社品牌，做强做大五常大米产业。

对外贸易　2018年，截至12月末，五常市对外贸易实现780万美元的进出口额。

电子商务建设　电商发展，再现新亮点。五常市外贸局成为电商进农村主办单位。负责争创工作的策划、启动、组织申报以及推进工作的组织、指导、综合协调等工作。给电商进农村工作给予鼎力支持以及政策惠顾。外贸局成功编制电商发展规划。成功获得电子商务进农村综合示范县。全省36个县（市）群雄逐鹿，五常市以第二名的优异成绩，获得国家电子商务进农村综合示范县。成功争取国家2 000万元资金支持。2018年5月30日，以100万元为注册资金的由民政部指定的保电天厚电子商务有限公司强势入驻五常市，黑龙江省天厚集团办事处在五常市营城子乡红旗村落户。为加快五常市电子商务的发展步伐，汇集智慧精英，凝聚人才力量，在五常市雅臣路95号，占地面积3 000平方米的电子商贸服务中心，拟年培训电商人才10 000人，成为培训电商人才的载体。继齐齐哈尔外，又一电商分院在五常市震撼出炉。为五常市职教中心扩大招生和提升知名度上无疑锦上添花。

第四节　科教文卫全面进步

一、教育

2018年，五常市教育单位98所，其中，全市中小学共有66所，其中公办高中7所，公办初中26所，公办小学29所，民办学校4所。其他教育单位32所，小学教学点79个，民办幼儿园158所。教职工5 732人，其中高中教师699人，初中教师1 609人，小学教师3 056人，幼儿园教师237人，特殊教育学校教师41人，电大教师18人，教师进修学校教师72人。

公办高中在校生9 608人，初中在校生12 912人，小学在校生32 934人，职教中心在校生1 463人，民办学校在校生9 759人。

全市公办学校在校生57 027人，1 567个班级。特殊教育学校学生110人，14个班级。

全市寄宿制学校：公办寄宿制学校37所，寄宿生15 301人，其中职高一所，寄宿生525人，高中五所，寄宿生3 723人；初中14所，寄宿生4 007人；小学16所，寄宿生6 936人；民办寄宿制学校4所，在校9 759人，其中小学3 609人，中学6 007人，高中143人。

世纪学校在校生、寄宿生1 876人，其中高中143人，初中1 334人，小学399人。万宝学校在校生、寄宿生3 067人，其中初中2 268人，小学1 326人。清华学校在校生、寄宿生1 222人，其中小学1 222人。

全市幼儿园在校儿童16 982人，其中公办3 249人，民办13 733人。

全市小学辍学率为0，初中辍学率低于1.8%，高中生入学率85%，初中合格率90%，小学合格率97%。

加强标准化学校建设，促进教育均衡发展，建设校舍面积77 701平方米，体育运动场面积17 875平方米，总投入6 545.03万元。购置教学仪器设备826.72万元，购置图书432.41万元。校舍维修投入844.56万元。发放义务教育阶段寄宿制学校贫困生补助资金，小学100.4万元，中学73.31万元，特殊教育6.37万元，学前教育阶段幼儿奖补资金30万元。资助大学新生96名，金额6万元。

二、科技

2018年，五常市积极开展企业科技创新工作，推荐企业申报哈市科技局各类科技计划项目，组织和实施本市级应用技术研究与开发资金项目18项，认真做好科技统计工作，完成年度科普统计调查工作。强化科技创新，企业竞争力实现显著增强，荣获哈尔滨市科技统计先进单位。

科技项目资金　组织和实施本市级应用技术研究与开发资金项目18项。给予葵花药业、松鹤制药、哈特啤酒、龙冶生物能源等16家企业18个科技项目6 474.19万元的资金支持，用于企业技术创新。

科普统计调查　完成科普统计调查工作。对市发改局、市农业局、市公安局等部门进行科普统计调查，对每个单位科普人员数量、科普场地数量、科普经费投入金额、科普传媒使用情况、科普活动举办数量等方面进行调查，调查结果录入数据库并及时上报哈市科技局。

三、卫生

2018年，五常市有医疗卫生机构366个，其中综合医院12个；有二级综合医院2个、一级综合医院10个（3个人民医院，7个民营医院）；专科院（所）2个；公共卫生机构1个；乡镇卫生院24个、社区卫生服务中心2个；村卫生所251个；厂企卫生院（所）19个；个体诊所53个。总床位3 034张，全市每千人拥有床位3.30张。市（县）、乡两级医疗卫生机构编制总数2 192人，实有职工2 426人，其中卫生技术人员1 617人，占职工总数的66.7%。高级职称238名，中级职称379名，初级职称1 000名；全市有乡村医生1 137人，其中执业医师39人，执业助理医生131人。全市医疗机构有核磁11台、CT13台、全自动生化分析仪43台，血球计数仪39台，半自动化分析仪15台，尿分析仪46台，OR16台、CR10台、心电机81台、X光机24台，男镜9台、彩超49台、B超40台、洗胃机38台、呼吸机33台、救护车23台。五常市卫生局被哈市卫计委评为"全市卫生计生工作优秀单位"，被哈市爱卫会评为"全市爱国卫生工作先进单位"。

农村卫生 采取购买服务的方式，保障乡村医生的合理收入，按照服务区域内农村户籍人口人均不低于7元的标准给予定额补助。由新农合经办机构采取门诊总额预付方式，按照服务区域内参会农民每人10元标准，向村卫生室支付一般诊疗费。完善乡村医生离岗退养政策。对辖区内离岗退养后的乡村医生（年龄60周岁以上）255人给予政策补助。全市共有100个村卫生室参加创建"群众满意村卫生室"活动。全市共有771人参加村医职业医疗责任保险和村医人身意外伤害保险。有52人参加省厅农村业务骨干参加省厅全科医生集中理论培训。

新型农村合作医疗　2018年，五常市全市农民参加新型农村合作医疗501 579人，参会率100%。

卫计惠民实事　2018年，五常市投入3 315万元，免费为城乡居民12类46项基本公共卫生服务。重大公共卫生资金投入276.5万元。实施重性精神病管理和癌症早诊早治等一批重大公共卫生服务项目。免费为2 264对待孕夫妇提供学前优生健康检查，免费为14 789名妇女提供计划生育技术服务。为4 786人发放奖励扶助金459.8万元，为31 086人发放独生子女父母奖励费186.5万元。

四、文化体育

2016年，市文体广电局紧紧围绕市委、市政府中心工作，以打牢公益文体设施建设为目标，以发展文体繁荣为基调，打基础，育精品，文体事业稳步提升。

基层文化服务中心建设　按照省文化厅《2016年贫困村文化设施建设实施方案》要求，省下达五常市贫困村文化设施建设3家即背荫河镇蓝旗村、龙凤山镇东兴村、沙河子镇蛤蜊河子村，7月开始组织建设，10月初全部实现建设标准并投付使用。总计向上争取省厅匹配建设资金45万元，文体活动设施齐全，新增广场面积6 000多平方米，满足群众文体活动要求。全市中心村建设达210家，其中，争取国家投资建设达60家；乡镇、村屯自筹资金建设达150家。为农村群众开展文体活动搭建起广阔的平台。

体育惠民工程建设　2018年，五常市投资2 300万元，建设5万平方米五常奥林匹克公园；投资180万元，建设体育惠民健身工程；实施农民体育健身工程184套，乡镇体育健身工程11套，全民健身路径工程12套。

三馆建设　五常市在关注五常博物馆、五常文化馆和五常文化活动中心"三馆"建设进展的同时，以现代理念、规划"三馆"装修和布展工作，确定五常市陈列大纲各项布展内容。在筹备布展同时，组建博物馆机构，新组建博物馆定位为股级事业单位，定编14人。中心主体工程已竣工开业。

社会文化体育组织工作 2018年，全市发展各类文体协会8个，强化对各类文体协会的引导、扶持和管理，鼓动各类文化团体积极开展活动，促进公共文化服务方式多元化、社会化。发展各类文化志愿者76名，推荐文化志愿者服务活动的常态化、专业化和五常品牌化。建立文化志愿者入网备案制度，同全省联网实施信息资源共享工程。积极推出小山子镇胜丰村唐淑杰"阳光工程"全省文化志愿者。在全市范围内推广唐淑杰家庭二人转演出队，常年走村串巷为群众演出的经验。全市全民健身组织网络基本形成，街道体育组织覆盖率、农村乡镇体育组织覆盖率70%以上，社会体育指导员发展到150余人，百人腰鼓队、百人合唱团、百支秧歌队、百支太极拳队等群众组织活跃城乡。

群众文化体育活动 五常市文体广电局积极为群众搭建演出平台，突出群众主体地位，以文化馆、朝鲜文化馆、体校、龙滨戏传承中心及各类文体协会为引领，群众文化活动以"爱国歌曲大家唱"及配合哈市开展的"盛世欢歌、激情哈夏"为主题内容，全市城乡有组织的、自发的文体活动从不间断，先后组织文化志愿者培训、展演活动，秋之韵艺术团文化扶贫展演活动，全省自行车邀请赛、全省轮滑邀请赛等多项文体活动，体现出"出门即舞台、处处展歌舞"的繁荣景象。12月，五常市举行全民冰雪活动日启动仪式，参加活动的市级领导与广大徒步爱好者共同参与主题为"冰天雪地"徒步行活动。

"文化下乡"活动 从龙滨戏传承中心为主题，组织送戏曲文化惠民演出活动10场，采取"文化走来，城乡互助"形式，每到一村、屯动员村里文艺名人专业演员同演一台戏，带动、引领农村文化活动的开展。以文化馆、朝鲜族文化馆、图书馆为主题，广泛开展"结对子、种文化"文化志愿者服务活动，组织60多人的文化志愿者团队下到五常、拉林、小山子等乡镇进行文化辅导和送图书活动，培训各类文化人才100余人，送图书2 000多册，有计划地壮大文化志愿者团队，为农村培养各类文化人才。

"非遗"工作 "非遗"挖掘及传承工作。1. 以东北大鼓为主。继续开展传承人的培训活动，开班为期一个月的培训活动。以排练东北大鼓词曲《岳母刺字》为目的，提高了五位传承人独立登台演出水平。又同省群众艺术共同排练东北大鼓《血泪遗书》拟参加全国第十七届群星奖比赛；先后参加绥滨县文艺会演和宾县"六一"文艺演出。参加哈尔滨市"非遗日"国家级项目代表剧目展演。在哈尔滨市级和五常市级"非遗"项目中，整理出一项《龙滨戏》申报省级非遗项目；《烙画》、《鹰猎文化》、二人转、《何氏膏药》等四项申报哈尔滨市做非遗项目，抽出8人历时半月时间考察，调研行成文字材料，制作文本上报上级管理部门。桥梁纽带作用，全面落实"三贴近"的新闻宣传工作方针，积极宣传报道全市各条战线取得的新成就、新业绩、新变化。努力做到日常报道有计划、专题报道有深度、突发报道有速度、监督报道有尺度、对上报道有力度，有效地发挥广播电视宣传的鼓动和监督作用，为促进市域经济的发展营造良好的舆论氛围。

广播电视 在创新上有所作为。力求全面展示全市新农村建设出现的巨大变化，注重挖掘农村亮点、热点，真实反映农村工作取得的巨大变化，重挖掘农村亮点、热点，真实反映农村工作取得的可喜成果，进一步搭建快捷高效的，咨询服务平台，深度服务农民。以诉说老百姓自己的故事，快乐老百姓的生活，展示老百姓个人才艺等内容为主，倾力打造《五常新闻》《请您欣赏》《生活360》《美丽乡村》《百姓舞台》等特色自办主题节目，充分发挥电视媒体的传播、疏导、服务和娱乐功能，服务家乡大众，助推家乡发展，办五常人民最贴心的节目。

五、史志编研

1986年，开始党史编研资料收集工作，重点收集、调查五常地区的地下党组织建立、设置与发展等情况。1987年，东南部山区的向阳、冲河、沙河子等乡镇，通过向农民和林业工人的广泛了解，搜集了大量的口碑资料，征集剿匪、"土改"、支前、大生产运动资料，反映了抗联第十军和汪雅臣将军的光辉事迹以及五常县人民在抗日战争时期做出的贡献。

1993年10月，完成了《五常革命斗争史》草稿。

1995年6月，出版了《中国共产党黑龙江省五常市组织史资料》。

1999年3月，编辑出版了《中共五常市党史大事记》记录了五常市人民勇于革命，创新务实，不断开拓各项工作新局面的历史。

志书编撰，1982年《五常县志》开始编撰，1989年，印刷成书。

2001年，地方志编写工作开始资料征集整理，编研工作取得了良好效果，形成了《五常市2000年大事记》。

2005年，《五常质量技术监督制志》编辑出版。

年度资料化工作，2016年初制定计划，编写年度化资料大纲，充分利用资料大纲，认真进行收集并指导上报材料的机关、企事业单位撰写人员，对已征集的资料进行整理、鉴别、修改、编撰年度化资料。编撰主题资料、大事记、人物资料、图片资料、附录资料整理编撰出实用资料60万字，大事记6万字，人物资料1万字，图片资料1万字，附录资料2万字。

第五节 交通运输业绩突出

交通运输 2018年，五常市交通运输部门以惠民务实为基点，突出重点，强化管理，推进五常市交通运输事业发展。公路养护工作得到上级肯定，干线公路养护继续保持全省标兵单位的荣誉，农村公路养护再次获得全省第一荣誉。交通所属企业实现产值2 221.4万元，实现利税142.4万元。其中运输有限公司完成产值1 800万元，实现利税100万元，公汽公司完成产值209.9万元，实现利税19.6万元，宏达公司完成产值211.5万元，实现利税22.8万元。2016年五常市公路管理站获省文明委"省级文明单位标兵"称号，哈市政府"职工职业道德建设十佳单位"、省公路局"五常市农村公路养护全省第一名"、省公路局"五常市干线公路养护全省优秀单位"称号。

公路建设 2018年，五常市把农村公路建设作为惠民工程来抓，积极争取项目和资金，不断加快贫困落后地区公路改造。新建农村公路182.5公里，其中乡级公路58.4公里，村级公路124.1公里，公路建设总投资14 076万元；改造农村公路危桥202.34延长米，总投资436.7万元。

客货运输 加快老旧车辆淘汰和退市，全年更新客车50台，出租车270台，新增落户营运货车550台。2016年，投资99万元新建公交站亭和公交站牌46个，改善群众乘车条件。全年外城公路运输客运量364.7万人次，货运量380万吨，保证客货运输的需要。

"平安交通"建设 落实责任，重视安全。以落实综治领导责任制为主线，扎实推荐"平安交通"建设。深入持续开展交通运输行业隐患排查治理工作，及时整改，防患于未然。加强对人流、物流密集的客货运输公共场所社会治安综合治理，严防突发事件发生。督促路桥施工企业健全安全工作机制，完善安全生产措施，确保生产安全。做好系统内维稳工作，及时把握动向，做好化解和疏导工作，理顺群众情绪，促进社会稳定。

第六节　旅游事业兴旺发达

在上级主管部门的领导下，以旅游业带动第三产业发展为目标，全面提升"中国稻乡·生态五常"五常旅游推介活动，深入实施旅游品牌形象，旅游产业发展得到显著提升。截止2018年末，旅游人数实现160万人次，同比增长50%，旅游收入达到9亿多元。同比增加60%。

旅游促销活动　叫响"中国稻乡·生态五常"旅游品牌。为提高五常市旅游品牌形象，全面开展"青春体验季、绿夏体验季、金秋体验季、银冬体验季"四大主题活动，5月依托特色活动营造氛围，借助"5·19"第六个中国旅游日的契机、举办"青春体验季"之"中国稻乡·生态五常"的大型推介活动。端午节期间组 织召开"绿夏体验季"之龙凤湖湿地露营节。9月陆续组织"金秋体验季"之赏秋节、开心节等特色活动。12月中间组织举行"银冬体验季"活动。通过这些活动，进一步增加五常旅游知名度和美誉度。

旅游产业项目建设　加大旅游招商力度，全力推进产业项目建设。一是围绕打造长白山旅游带新节点的新定位，全力打造"中国稻乡·生态五常"的旅游品牌，大力开展精准招商。二是加大项目储备覆盖面，探寻有实力的旅游企业。三是全力推进三个在建项目：志广乡欧帝风情度假村项目；稻花香生态体验区项目；绿珠生态旅游区项目。四是激发大众创业，万众创新的活力。运作一些景区景点成立旅游业合作社，力争成为黑龙江省首批旅游合作示范社。同时，通过合作社的推广和运营，推动旅游产业的推广和运营，推动旅游产业的精准扶贫。

智慧旅游项目　积极发展互联网+旅游，推进智慧旅游建设，尽快实现线上线下的旅游观光建设。1.与驴妈妈旅野网和北大博雅智旅游传销和宣传。2.积极与移动公司沟通协调，帮助企业实现智慧旅游基础设施建设，提高景区的接待能力。3.加快旅游厕所建设速度，筹集五处水冲式环保型旅野厕所，都交付使用。

第七节　城乡建设焕然一新

五常市住房和城乡建设以保障民生，优化人居环境为重点，以改善城市群众住房条件，提升城乡基础设施承载能力，大幅度改善城乡面貌为主要任务，大力推进城乡开发城市基础设施等建设工作，取得较好的成绩，推进住房和城乡建设事业的健康发展。

道路升级改造　2018年完成升级改造道路18条，总面积29 544平方米。新建道路五条，面积9 800平方米。

工程项目建设　大大加快建设工程进度，提高建设工程质量，完成全年房地产开发建设任务，确保上年结转工作全部竣工，完成"博物馆、图书馆、文化活动中心，奥林匹克公园"等五常市属重点工程建设。

市容和环境卫生专项整治　五常市市容和环境整治取得阶

段性成果。五常市城管局环卫处对66条巷道及城郊及城郊接合部开展春季环境卫生的综合。共动用铲车、翻斗车、小宁波车共3 000多台次，人工3 800多人次，共清运出垃圾、冰包、建筑垃圾58 000多方，使得这些巷道和城郊接合部得到彻底的清理，并把这些地方纳入五常环境卫生清扫保洁范围。

市容市貌整顿 针对室内主干街路违规设计牌匾、副匾、刀匾及乱牵乱挂，乱贴乱画和临街商服、流动商贩违规占道现象比较突出的实际情况，组织精干执法力量对上述乱象进行集中整治。年内，出动执法人员1 000余人次，清理五纵6横11条街路，摘除违规设置牌匾69块、副匾389块、刀匾45块，收缴并销毁"拦路虎"200余块，清理城市"牛皮癣"近千处；清理临街商服店外经营459家，取得流动商贩违规占道1 800余人次。同时，规范早市、夜市经营行为，市容市貌得到极大改观。

第八节　民主法治全面加强

五常市政法战线以党的十八大和十九大精神为指引，认真贯彻落实习近平总书记对政法工作重要指示和三级政法会议精神，紧紧围绕市委"四区联动"发展战略，以服务保障"十三五"规划顺利实施为主线，继续深化"提素质、树形象、保稳定、促发展"工作主题，坚持法治引领，改革创新，深入推进政法队伍建设，持续打造平安五常、法治五常、和谐五常、为五常市如期全面建成小康社会营造安全稳定的社会环境、公平正义的法治环境和优质有效的服务环境。

综治创安工作 领导高度重视，夯时工作基础。市委、市政府将政法维稳工作摆上突出位置，市委先后十次召开常委会议，听取主管领导汇报，研究、部署创安工作，有效解决5个平安建设的重点、难点问题。深入推进综治创安的工作目标。加大资金投入，市委、市政府将综治经费列入财政预算，按全市人口总数每人0.8元的标准给市综治办划拨经费80万元。筹措资金300余万元，用于加强天网工程建设。各级党政一把手作为综指创安工作第一责任人，切实执行"一岗三责"。与乡镇党委政府部门与基层单位层层立状签约，明确职责，严肃考评制度，严格兑现奖惩，适时启动"一票否决"机制。深入开展综治宣传活动。

社会平安治理　全力打造哈尔滨地区最具安全感县（市），全面提升创安水平。开展黑恶势力犯罪、严重暴力犯罪、食品药品犯罪等群众反应强烈犯罪等，专项整治行动，破获刑事案件1 084起，侵财案件547起，抓获各类逃犯145人，现案破案率达100%，命案破案率100%。强化治安防控，开展全天候的全警大巡逻，大巡控行动。配备400名协警，购置50台公安指挥、巡逻等警用车辆。构筑主体化治安防控体系，投资300余万元加强"天网工程"建设，在198个行政村安装摄像机792部。重点完善医疗卫生、食品药品、生产安全、消防交通以及环境保护等监管机制。夯实社会平安稳定根基，完善公共服务体系。大力推进农村"1+3+N"社会管理模式，社会管理模式覆盖率达95%。五常市重点人口2 855人，刑释解教人员292人，接收社区矫正人员361人，落实管控措施，对95名精神病患者进行有效救治并有专人看护。开展危爆物品寄递的物流清理整顿，排查出各类安全隐患426条，下达责令整改通知书73份，出勤执法车辆520余台次，出动执勤人员1 100多人次，保障全市人民群众生命财产安全和公共安全。深入开展平安创建活动，打造平安示范"百村千屯"，有效营造浓厚的平安文化氛围。

　　依法治市工作　精心谋划宣传工作，依法治市工作按照
"七五"普法规划的要求，广泛开展形成多样的法制宣传教育
和依法专项治理活动，全年进行法律宣传和宣讲100余次，发放
法律书籍30 000余册，法律援助知识手册2 000余册、法律援助
联系长3 000余张、法律援助便民袋2 000余个，解答法律咨询40
余次。

第四章　建设巩固根据地

第一节　五常县解放初期农村大生产运动

一、摧毁封建土地制度

五常县"土改"运动，从1946年夏秋开始。11月3日，县委召开全县农工代表大会，与会代表总结工作，交流经验，一直认为，在一段群众运动中，既有显著成果，又有比较严重的"夹生饭"。在群众斗争中已经建起村农会7个，屯农工会35个，屯贫农小组332个。

1947年社会治安逐渐好转，在先开展土改的村屯煮"夹生饭"的示范作用下，全县很普遍展开了划阶级、定成分，斗恶霸地主，强化各村农工会和基层政权的工作，保障贫雇农彻底翻身、当家做主的权益。春节前后，大多数曾饱尝千百年来祖祖辈辈受奴役之苦的农民，都从内心里迸发出一致的呼唤，让我们紧密团结起来，互助互利搞好我们的大生产运动！

"土改"任务完成了，彻底摧毁了封建地主专制的土地制。全县13个区（包括当时划分出去的山河县）经过这次"土改"运动农民从封建地主手中夺回耕地477 193亩、房屋21 763间，使农村房地产占有关系起了深度变化。"土改"前按人口平均地主占有土地33.2亩，贫雇农只占有1.99亩，"土改"后雇农平均每人

131

占有土地增加到5.9亩。

二、掀起群众性大生产运动

1948年新春伊始，全县农民土地还家是千百年来未曾有过的大喜事。当时全县1 104个自然屯，共有居民52 543户（其中非农业户3 838户）总人口241 581人。耕地1 048 219亩，人均4.3亩。

新正二月，大多数村屯都变农闲为农忙。夏秋投入备耕生产高潮，整修农具，挑选种子、拴车买马，全县农民从外地买耕畜500多头。男女劳力突击送粪，增加粪源，所有耕地普遍施肥。深耕细作，并以团结互助的力量开挖排灌工程，战胜水、旱、虫、雹等自然灾害。取得了土地改革后的第一年的大丰收。全县粮食总产量达到1 095 120吨，亩产量208斤，比上年增长75.9%和76.2%。这年县委还组织17个区级以上单位办起机关农场三处。县、区、村三级政府和所属农公会，对一些受旧社会坏习惯污染的二流子、懒汉、游手好闲和不务正业闲散人员，强制他们参加农业生产、收到了良好效果。

副业生产1948年有以下几种：

狩猎、编织、拉脚、林业采伐、杂业等。

解放初期的农业大生产运动，也不仅开阔了农村生产的宽广门路，提高了农民生活水平，改变了人们的精神面貌，创造了丰富的生产、生活物资创建出新的富裕生活。

全县农民翻身不忘国家，积极主动的争先完成征购粮任务。增添了支援解放全国的战争实力。

1946年冬，我东北人民自卫军与蒋匪军在松花江南、北两岸形成对峙的局面，立冬封江之际蒋军向北进发，我解放区军民寸土必争。翻身农民为实现"爱国保田"的大目标。提出"一切为了前线"的战斗口号。青壮年农民响应党和政府的号召，踊跃报名参军和战勤。1948年末全县共出战勤担架1 853付、民夫5 839人、大车421台、爬犁227张，马252匹。1949年7月，按上级指示，源源不断地向人民自卫军补充新兵5 120名。又对我军需要的军服、军鞋、干菜等，均提前送到，保证了前线的需用。每逢年节还筹集资金、物资慰劳子弟兵。

农村大生产运动，更坚定了农民们走合作化道路的信念。1952年初，全县互助组总数已达到8 807个。当时可分为三种类型：一种是常年生产计划，农副业结合的好，使用新式农具，有技术分工的互助组883个占互助组总数100%；另一种是也有常年生产计划，但农副业结合不够好的互助组4 422个，占互助组总数的51.2%；第三种是季节性互助组3 502个，占38.8%。同年春季按照"积极慎重"的方针和"只许办好，不准办坏"的要求，先是试办起以土地入股为特点的四个初级农业生产合作社。即五星、展望、红旗、红星四个合作社。到秋季后都丰收增产，超过了互助组，起到了示范作用。

在全县农村大生产运动中，县委、县民主政府认真贯彻执行东北行政委员会的嘉奖令，"对积极从事劳动生产。努力开荒、超产者；在互助组里起模范作用者；遵守政府法令，并能积极完成其所应负担之战勤与义务劳动者，不论其个人成分与性别，得普通奖励之"。1948年，先后召开多次奖模大会。对其中生产成绩显著者，予以特别奖励，极大地调动了群众生产积极性。

第二节　解放初期 五常县委领导的文工队

1946年解放初期，县城内有些爱好文艺的小青年和一部分职员，共30余人，以孙博为首，串联陈威、吕波等为骨干，组成剧团，命名为"青灵剧团"，意思是青年人的灵魂。团址设在原宝山商店的楼上（今镇医院小楼），公推孙博为剧团团长，陈威为副团长，常直、孙琦为编辑，柔刚、徐维岱二人为导演，林荣为乐队指挥，男演员有幺光、许萍、江涛、王屠、韩波，还有孙辉、穆群、李华、高峰等。女演员有王黎、杨薇、杨杰、李伟、高扬等。剧团成立后，上报县民主政府，当时代县长方杰批准了这一支文艺团体，易名为五常县文艺工作团，原正、副团长不变。并指示：文工团要为解放战争、土地革命、参军支前等中心任务服务，要排练一些短小精悍的剧目。这就是五常县成立的第一个文艺团体。

第一次演出

按照方代县长的指示精神，团长孙博召开全团大会，讨论如何演出，当时没有新剧本，旧剧目不能上演。如果自编节目，又苦于没有素材。根据当时的形势，确实是个新课题。经过讨论，决定向老文工团求援。去哈尔滨求助鲁艺文工团，或是东北文工团。但他们能否接待和支援，对此，大家都没有信心。团长猛地一拍桌子说："有了，我们何必舍近求远，何不向驻军老二师求援，陈威和孙琦去三五九旅。这两个剧团赠送的剧本有陕北秧歌剧《兄妹开荒》《夫妻识字》。"反霸斗争的张家口剧目《起枪》，土匪和地主勾结企图反把的《两个胡子》，还有《土地还家》等10余个剧目。歌曲有：《东方红》《没有共产党就没有新中国》《八路军之歌》《露营之歌》《黄河大合唱》《游击队之歌》等20余首。这些歌曲由林荣教唱，大家学的非常热心。经过一段紧张的排练，于1946年末，在县政府院内搭台演出。大合唱没有乐器伴奏，由林荣指挥，这是抗日战争胜利后，五常县人民第一次唱出"没有共产党就没有新中国"的歌声。

这次演出是成功的，代县长方杰来到剧团向演员致谢。这次演出给县城人民留下了极深刻的印象。

1947年1月，县委决定接管文工团，改名为中共五常县委文工队，任孙博为队长，调三区工作队队长孙继文为指导员。文工队隶属县宣传部，由部长丁鸿直接领导。文工队在县委的领导下，通过文艺演出，积极配合了"土改"、扩军、支前等中心工作。

义愤演出

蒋介石撕毁"双十协定"，向解放区进犯，受到人民解放军、自治军的严重打击。在美帝授意下，又开始第二次谈判。为揭露这假和平、假谈判的阴谋，县委文工队赶排火爆剧"假谈判"，在街头演出，由队员卢吟饰美国特使马歇尔，王屠饰随从，许萍饰蒋介石，王黎饰宋美龄，又赶排舞台剧《美军暴行》。《美军暴行》的剧情主要是揭露美军在蒋管区强奸妇女，伤害无辜群众的罪行。演出时，激起了观众对美帝的强烈愤恨。

1947年2月，按县委指示，文工队进行整训，地址在原松江六中宿舍。学习了毛泽东《在延安文艺座谈会上的讲话》，明确了文艺工作要为工农兵服务的方针，和其他各项政策。在整训期间，准备去东三区巡回演出。文工队员无论走到哪里，都受到群众的欢迎，特别是独立团、公安队、区中队的战士，对李伟、高扬两个小演员更为喜欢。

遭遇土匪突袭

短暂的休整，按着县委的计划，文工队向七区出发。七区五常堡是一个古老的小集镇，有"先有五常堡，后有五常厅"之说。七区区委书记马云生，区长赵俊林，热情地接待文工队。翌日，在常堡小学搭台演出。剧目有《兄妹开荒》《土地还家》《两个胡子》《一只烟袋》《美军暴行》等。观众有几千人。第二天又赶赴陈油坊，晚间挑灯演出。正当观众观光正浓，演员演得起劲时，突然响起枪声。原来是小山子战役中被我军击溃的残匪流窜到七区，土匪得知文工队来此演出，企图趁农民观看演出之际，突然袭击，抢夺财富。枪声一响，剧场群众大乱。区委书记马云生临危不惧，他命令区中队和民兵，由区长赵俊林指挥还击，丁部长令指导员率文工队员掩护群众，撤到教室里，指导员为造成匪徒们的错觉，命令队员向响枪声处开枪示威。土匪受到区中队的迎击，又听到排枪，没敢进街就仓皇逃掉。这次土匪的偷袭，军民无一伤亡。为满足群众的要求，翌日，又演出一场。

文工队解体

1947年7月，中共五常城区区委会成立，吴纯一任区委书记。此时，解放战争已进入大反攻阶段，"土改"、参军、参战已进入高潮，县委为了适应新形势的发展，加强城区工作，将文工队交给城区区委，改编为土改工作队，至此，中共五常县委文工队宣告结束，这支文工队从诞生到解体，仅一年的时间，但却给五常县人民留下难忘的印象，在中共五常党史上留下了辉煌的一页。

第三节　解放初期的五常供销社

一、白手起家

我县的"砍挖"斗争到1947年冬季结束。广大贫下中农在政治上翻身得解放，做了国家主人，同时又分到了斗争果实，生活也提高了，但是在流通领域还仍然受着剥削。党和人民政府为了使广大人民群众在经济上得到彻底解放，便在城乡建立了群众自己的商业组织——供销合作社。建设的顺序是自下而上：

村（街）社是在1947年到1948年建立的，区联社于1948年秋冬建立，1948年8月又建立了县联社。村社的铺底资金是从斗争果实中留出来的，数字都不大，社的规模也小，用不了许多资金。供销社的房子也是斗争果实。没有货架、栏柜，就用分地主的木板和板柜装货摆货。从业人员都是群众选送的苦大仇深、忠诚老实的农民。他们虽然不会做买卖，但有一颗忠于党忠于人民的红心，对供销事业十分忠诚。他们不是守门待客，而是背包、担担走屯串户，把商品送到群众手里，所以许多群众都说他们的供销社，是某某老主任背起来的、挑起来的。那时没有正规账本，更没有金库，只能用笔记本写流水账，腰兜就是公家金库。尽管财经制度很不完善，但是他们公私分明，不贪不占，以社为家，所以组织上放心，群众也信得过。

第八区（安家）哈蜊滩村党支书付深智，是个劳而有苦的农民。1947年冬组织上叫他在村里办供销社，只交给他斗争来的部分金银首饰，变卖后还买不来十匹布。他就用这笔钱做小本生意，勤进快销，背包下乡，走屯串户，白天钱货不离身，晚间枕着货包睡觉。去县城办货，怀揣大饼子，不要公家一分钱。尽管不识字，记不下账，可是公家的钱却一分不差。他就这样对供销事业忠心耿耿，兢兢业业，不到二年就背起来一个初具规模的供销社。像这样的老主任，各区都有，全县不下六十人。

二、勤俭办社

勤俭是供销社的传家宝，办社初期，供销社的广大干部职工，千方百计地从开源和节流上为企业增加积累。在开源方面，他们知道"不怕不赚钱，只怕货不全"，"百货迎百客"，因而努力扩大购销业务，从多方面满足群众生产生活需要，勤进快销，薄利多销，从中取得合理利润。在节流方面，从诸多环节中降低费用支出，压缩行政后勤人员，领导干部不脱产，常年坚持参加劳动，哪里有困难他们就在哪里。不仅领导如此，会计、出纳、更夫、厨师也是多面手，扫院子、烧炉子、扒炕、抹墙、装卸货物等劳动，都是职工自己动手，从不雇外人。买的商品能背的背回来，不能背的捎脚运输，实在没办法才雇车。他们时刻注意对商品和财产的保管养护，防止贼偷火烧，霉乱变质、虫咬鼠嗑。业务扩大以后房子不够用，就搞综合利用。小山子胜进分销店两间房子，一间做营业室，一间做仓库、办公室、灶房、宿舍。一把竹尺使五年，一盏油灯使七年，一个簸箕使八年。这就是全县基层供销社的缩影。营城子和民禾供销社勤俭办社成绩突出，曾受到国家奖励。

三、方向明确

供销社的从业人员都知道，供销社的宗旨就是为人民服务。毛泽东提出的"发展经济，保障供给"的财政工作和经济工作总方针，陈云同志提出的"两个服务""三大观点"在供销系统得到了反复深入的贯彻和落实。他们经营的出发点和落脚点，不是能不能赚钱，更不是赚钱多少，而是一丝不苟的执行党的方针政策，满足人民群众生产、生活的需要。他们通过业务活动，积极支援林牧副渔业生产，走"生产—流通—生产"的道路。派人指导农民发展家庭创业生产，就地验斤验货付款起运。1950年农民要卖的粮食和草袋，当地没人买，供销社就收下来，面向全国推销。长山供销社就是支援生产的一个突出典型。每个供销社都培养专业人员，指导农民使用新式农具和化肥、农药、药械。他们经营生产资料和农副产品，多数微利，有的无利，有的还亏损，但是他们毫无怨言。为配合党对资本主义工商业进行社会主义改造，吞吐商品，平抑物价，扩大经营范围和征地。为支援朝鲜战争，挨家挨户动员群众卖生猪，献铜铁，支援抗美援朝。

四、鱼水深情

供销社的性质和体制决定了他的宗旨，在经营中想人民之所想，帮人民之所需，做人民的公仆。小山子胜进分销店经理赵义，十几年如一日以社为家，担担下乡，从没在家过除夕之夜，群众叫他"赵大挑"。20世纪50年代供销社人员忙起来没有钟点，夜以继日，不懂的什么是加班加点。办社初期，连工资也没有，群众帮助把地种上就是给他们的全部报酬。他们为群众热情服务，百问不烦，百拿不厌，保退保换商品。营业不受时间限制，哪怕半夜叫门也热情接待，私商牌匾上的"童叟无欺"，旧社会是自欺欺人；只有社会主义的供销社才能真正做到"童叟无欺"、"货真价实"、称平、提满、尺码足。由于供销社是群众自己拿资创办的，从业人员又是群众推选的，广大群众都是供销社的真正主人和"股东"，他们同供销社息息相关，供销社处处为民着想，群众把供销社视为自己的企业。每当刮大风、下大雨、节假日，群众就派民兵保卫供销社；群众如发现有人偷拿东西，就主动去追。供销社需要运输，群众就把车辆上号，轮流为供销社运输。群众一旦发现供销社有什么问题时，就及时地通过社员代表向供销社反映，供销社不仅要做出答复，并要立即改正。

五、初具规模

1949年党的工作重点从解放战争转入经济建设。为适应这种形式需要，党和政府加强了对供销社的领导。各级党组织都选拔骨干到供销社去当领导，为供销社建立起一套民主集中制的管理体制。在城乡普遍发动群众入社投资，选举社员代表，建立社员代表会议，理事会和监事会，制定了《社章》。这时的供销社已经走上正轨，并初具规模，从单一卖布发展到百货、服装、鞋帽、副食、生产资料等工业品；从只卖不买发展到收购以粮食为主的农副产品；从流水账发展到簿记账，并建立起一套行之有效的经营管理制度。

六、高速发展

供销社这一新生产物，有无限的生命力，一年上一个新台阶，到1957年供销社已有相当的规模。全县各种服务网点发展到311个，几乎村村都有，从业人员1 594人。经营项目从供应到采购、车店、旅店、饭店、理发、照相等应有尽有。除固定资产外，还积累流动资金353万元，比1949年增长近四倍。第四区（小山子）联社到1957年不但有一般的服务项目，还经营中小药品、图书、五金、建材、收购各种土特产品、山产品、药材、皮张。全年销售额780 981元，几乎占领了整个市场。

这时的供销社已成为农村流通领域的领导力量，在社会上是联结城乡、工农、产销间的桥梁和纽带。

供销社之所以发展到如此迅速，其主要原因有三：一是党的方针政策对头，并加强了对供销社的领导，使它有了顺利发展的前提条件；二是供销社扎根于群众之中，一心一意为人民服务，得到了广大人民群众的热情支持和爱护；三是强有力的政治思想工作，调动了广大干部职工的积极性和创造性。

七、坎坷之路

供销社的发展并不是一帆风顺。从1958年到1980年的20多年中，对供销社来说是多灾多难的时期。他与国营商业四次合并三次分家。尤其是大跃进的共产风和"文化大革命"对供销社的打击最严重的。那时，县里"三合一"取消县联社，基层社打乱了条块结合、双重领导、民主管理的体制，改变了它的群众性，变成上不着天，下不着地（县里不领导，群众不监督）的"官商"。供销社的人、材、物被无价的平调，多年用血汗积累的几百万利润一扫而光。

八、枯木逢春

党的十一届三中全会给供销社带来了新的生机和活力。以经济建设为中心，坚持四项基本原则，坚持改革开放，使供销社得以恢复和发展。发展社员、扩大股金，恢复了民主集中制的管理体制，密切了社群关系。从多方面扩大服务，占领市场，参与竞争，做到了全方位、深层次为人民生活服务起到了主渠道作用。到1989年，已有服务网点326个，从业人员3 038人，全年零售额达到11 190万元，比1957年增长到九点七倍；固定资产和流动资金已达到12 134万元，供销社方兴未艾，前程远大，它正在改革开放的道路上奋勇前进。

第四节　五常政协的建立与发展

1957年初，黑龙江省编制委员会，为了认真贯彻，落实中共中央批准的中央统战部"关于加强政协地方委员会工作的意见"中"各地根据具体情况，可以多设一些县政协"的精神，下达了县级机构编制方案，确立五常县设置县政协组织。

中共五常县委第11次全体委员会议讨论通过了筹建县政协委员会的决定。县委及统战部都把成立县政协组织纳入了1957年统一战线工作规划要点。制定了建立政协的筹备工作方案，政协委员会拟定由57名委员组成。于1957年3月5日，以中共五常县委24号文件请示报送中共黑龙江省委。3月22日，中共黑龙江省110号文件批示五常县委，同意县政协委员会以57人组成的意见。省委意见："常委会由21人组成，以伞裕民同志为主席，徐殿奎、杨由天、单锡强、赵继川四人为副主席，徐黎等16人为常务委员。"由于省委统战部从全国的形势和全局出发，没有批准这个请示。

1960年，县委研究决定，县政协委员会设主席一名，副主席6名，常委13名，将请示报告于1960年8月21日报送中共哈尔滨市委，中共哈尔滨市委于9月4日以哈发（60）317号文件，作了"经市委研究，同意你们所提人选的安排意见"的批复。

政协五常县二届一次全体委员会议，1962年12月3日至9日在五常县人民委员会会议室举行。这次会议选举伞裕民为政协二届委员会主席，马波、方俊、吴觉、单锡强、鲁宗歧、朱宪章、钟荫槐为副主席，于麟新等16名为常委。

政协五常县第三届委员会第一次会议，于12月22日至28日在县人委会议室举行。

三届委员会主席伞裕民，副主席马波、杨学福、单锡强、鲁宗歧、朱宪章、钟荫槐，王占山等17名为常委。

1966年6月末，一场"文化大革命"在全县开展起末，县政协停止活动。

1979年12月4日至6日，五常县政协举行了三届二次委员（扩大）会议。这是1965年12月末县政协三届一次常委会议后14年来第一次县政协会议。

1980年9月，召开政协五常县第四届委员会第一次会议。会议选举王福良为县政协第四届委员会主席，王敏（女）、曲国玺、刘立超为副主席，弓守信、马尚国等24名为常委。

1984年4月7日至12日，召开政协五常县五届一次会议，选举王福良为政协主席，邹海清，曲国玺，刘立超，李子斌，吴智勇，王今孚（女）于树春为副主席，弓守信、马尚国等31位为常委。

1987年3月28日召开政协五常县委员会五届四次会议，接受邹海清、曲国玺、李子斌辞去副主席职务，增选谷云程，王艳华（女）为副主席。

1987年10月9日至12日召开政协五常县委员会六届一次会议。会议选举孙殿发同志为五常县政协六届委员会主席，谷云程、刘立超、王艳华（女）、王今孚（女）、蔡新，张凤岐、孔祥德、朱一德（朝鲜族）等20位为常委。

1988年5月，县政协主席孙殿发调离。8月，县政协六届四次会议补选县委书记郭清沧为县政协主席。

1991年1月22日至24日，县政协七届一次会议在五常县城召开。会议选举张民骥为政协五常县第七届委员会主席，王艳华（女）、王金孚（女）、张凤岐、蔡新、李世荣为副主席，王馥（女）、王鸣声等29人为常委。

1992年，增选李金同志为副主席。1993年3月，增选高岚同志为副主席。1993年8月28日，五常撤县设市，五常县政协改称五常市政协。

1993年11月16日至18日，政协五常市第一届委员会第一次会议在五常市城召开。会议选举瞿崇洲为市政协第一届委员会主席。王艳华、张凤岐、蔡新、高岚、单昭玺为副主席。关仁辅、高光武等29名为常委。

1996年9月11日，政协五常市委员会召开一届五次会议。同意瞿崇洲同志辞去政协主席职务，选举张权同志为市政协主席。

1997年10月26日至28日，政协五常市委员会第二届第一次会议在市城召开。会议选举刘东辉为政协五常市二届委员会主席。王艳华、蔡新、高岚、单昭玺为副主席，关仁辅、尹维芳等31名为常委。

政协五常市委员会，从1960年到现在，不断地发展壮大起来。为进一步扩大党在新时期的爱国统一战线和繁荣发展市域经济，促进社会全面进步做出了应有的贡献。随着政治体制和经济体制改革的全面推进，人民政协工作也愈显示出其重要性和必要性，可谓前程远大，大有作为。在中共五常市委的正确领导下，在上级政协组织的关怀指导下，政协五常市委员会必将在促进祖国和平统一和两个文明建设中做出新的更大的贡献。

第五章　五常自然资源优势

第一节　土地利用现状

五常市土地资源经过多年的不断开发，土地利用现状已经发生巨大变化。到2005年土地利用形成的结构是耕地扩大，城乡建设用地增加，林、牧用地缩小。尚未利用土地资源开发潜力逐渐减少，已利用的土地资源深度开发潜力很大。

耕地　2018年，全市总耕地面积3 728 895亩。

园地　全市园地面积60 934 770亩。全市有 92.1%的林地集中于国营农、林、牧、渔局（场）和机关团体副业生产及国家建设用地中；乡村用地的林地占7.9%，全市森林覆盖率达50.28%，高于全省36.4%的平均水平。

牧草地　全市有牧草地面积9 692亩，占土地总面积的0.09%，牧草坦均属天然草地，牧草地植物种类共有96种，大部分可做饲草用.营养丰富，食口性强，其中小叶樟分布较广，产量较高。

水域　全市水域面积494 795.2亩，占土地总面积的4.4%，其中，河流水面积98 503亩，占19.91%；水库面积51 512亩，占10.415%，坑塘水面积81 404.1亩，占16.45%。

第二节　山区资源

五常市位于长白山系张广才岭西北麓，境内山脉纵横，峰峦叠嶂，有大山山峰609座，占地面积5 522平方公里，占市域面积的73.5%。主峰老爷岭，又称大秃顶子山，坐落在本市东南部红旗林场境内，海拔高程1 696米，是市内最高的山峰，隆起的12条支脉，42个主要群峰，千余座山峰，延伸分布在五常境内的东南部、东部、西部、南部和北部。全市海拔高程在300米以上的山峰有271座，多集中在东南和东部地区。

一、主要山脉

老爷岭　又称大秃顶子山，位于本市东南边境处，海拔高程1 696米，主峰群有22座千米以上高峰组成，山势雄伟壮观，气势磅礴，生长茂密的阔叶和少量针叶次生林，有少量原始林，山顶地势圆浑平坦，林木稀疏，主要生长岳桦、偃松等亚高山植物。山间河系发育，是拉林河、牤牛河的发源地。

凤凰山　五常境内第二高山，位于沙河子镇福太村南20华里许，距五常市区150公里。凤凰山高程海拔1 633米，山势挺拔，风景秀丽。主峰由12座千米以上高峰组成，山顶云雾缭绕，高坡原始森林；山下清泉股股，蜿蜒迂回。山湧清泉，溪绕青山，素有"凤凰百泉"之称。每年旅游盛季，省内外游人纷至沓来，欣赏这奇特的自然景观。

龙凤山　五常市龙凤山镇境内，海拔高程337米，由数座低山丘陵组成，东西走向，东临高耸的滚蛋岭，西卧秀丽的鸡冠砬子，陡峭如削的红石砬子和状似鸡冠的小砬子，分别屹立于东南和西南，隔水相峙。正南是中央山、大猪山拔地而起。一泓碧水，嵌镶在群峰怀抱之中，湖光山色、妩媚多姿。峰峦叠翠、碧里葱郁，如诗如画，是省内主要旅游区之一。

羊草山　位于冲河镇东南部，山地层峦，由十几座千米高峰组成，主峰海拔1 235米，森林植物呈典型地带分布，上部生长偃松、岳桦矮曲林带，上中部则是山岭云杉为主的寒温带森林植物，中下部则是以红松阔叶混交林为主的温带森林植物区。

平山　位于沙河子镇东南部，由数座高峰组成，山势陡峭险峻，雄伟奇特。山顶林木稀疏，麓间森林茂密。是用材林重点采伐基地之一。

大白罗山　位于沙河子镇东南部，主峰海拔1 242米，总面积88平方公里，山地森林密集，野生动植物资源丰富，是重点用材林基地之一。

大青顶子山　位于冲河镇东南部，主峰海拔953米，有冷山或白山之说，是重要的木材生产基地。

双刀户山　位于背荫河镇、二河乡交界处。由数十座低山组成，主峰海拔高程607.8米，属牤牛河北群峰之首，为五常北部游人观光消闲的圣地。

七峰山　位于冲河镇东南部，山上七峰直插云霄，树木巍峨，主峰海拔825米，山中清泉瀑布，景色宜人，晚霞辉映下赏七峰秀色、闻吊水湖之音，游老人沟、红叶谷，令人流连忘返。

杏花山　位于五常镇南3公里处，杏花山原为残破荒丘。因春季杏树开花，花香四溢而得名。山上置有电视转播塔、烈士陵园和野生动物观赏园，是重要旅游景点之一。

历母山　位于沙河子镇蛤蜊河子屯南2公里处，山上筑有寺庙一处，晨钟暮鼓，香火不断，是五常旅游观光景点之一。

第三节　植物资源

一、木本植物

共计34个科，46个属，63种。其中主要有杨、柳、榆、槐、枫、柞、桦、椴、核桃楸、水曲柳、黄菠萝、红松、云杉、冷杉、落叶松、樟子松等，还有小灌木、藤木、山果等多种木本植物。

二、草本植物

境内共有草场4类，即沼泽草甸类、草原沼泽类、丘状沼泽类和灌丛草甸类。

草场植物品种繁多，营养丰富，适口性强。

三、药用植物

有山参、党参、五味子、满山红、刺五加、黄檗、黄芪、红花、平贝、车前子、大力子、串地龙、防风、柴胡、木通、狼毒、冬青、百合、蒲公英、薤白、莱菔子、艾叶、细辛、赤芍、玉竹、百步、黄芩、艾蒿、苍耳、紫苏、益母蒿等300余种。

四、食用植物山菜类

山菜类　有木耳、元蘑、黄蘑、榛蘑、柳蘑、松蘑、猴头、蕨菜、薇菜、刺嫩芽、广东菜、猫爪子、老桑芹、水芹菜、山韭菜、黄花菜、蒲公英、柳蒿、小根蒜、鸭子芹、老牛锉、明叶菜、枪头菜、山精子、山糜子、苣荬菜等数百种。

山果类　有山梨、山葡萄、核桃、榛子、松树子、山丁子、山里红、元枣、托盘、山杏、山李子等。

五、观赏植物

有荷花、玫瑰花、杜鹃花、冰凌花、百合花、兰花、牵牛花、蒲公英花、芦丽花、耗子尾巴花等。

第四节　动物资源

一、脊椎动物

兽类　犬科有狼、狐狸、貉、貂等。熊科有黑熊。鹿科有梅花鹿、马鹿、狍子、香樟等。猫科有猞猁、山猫等。兔类有东北兔、草兔。鼬科有獾、黄鼬、青鼬和艾鼬。松鼠科有松鼠、花鼠等。

鸟类　鸭科有绿头鸭、赤膀鸭、罗纹鸭、鸿雁、斑头雁等；鸟科有鹌鹑、环颈雉（俗称野鸡）、燕子、猫头鹰、黄莺、画眉、布鸽、鸽子、啄木鸟、蜡嘴、沙鸡、雀鹰、苏雀、班鸥等百余种。

鱼类　有鲤、鲫、鲶、草鱼、鲢鱼、鸦罗、泥鳅、白鱼、黑鱼、狗鱼、沙鲇、胖头、柳鲥、重唇、鳌花、细鳞鱼马口等数十种。

蛙类　有林蛙、青蛙、蟾蜍、雨蛙等。

二、无脊椎动物

介类　有蛤蜊、蜗牛、水鳖、龟、虾、河蟹等。
蛇类　有蝮蛇、沁花蛇、土球子、水蛇、野鸡脖子蛇、箭杆蛇、马蛇子（蜥蜴）。

虫类　有蜜蜂、黄蜂、土蜂、马蜂、蝴蝶、螳螂、类螂、苍蝇、蜻蜓、蚂蚱、蚊子等百余种。

第五节　矿产资源

一、金属矿产

金矿　小山子镇东苇沙河左岸的宝龙店地区为金矿Ⅲ级成矿远景区，分布有金坑金沙化点、小泥河砂金矿化点、后三家子前金坑砂矿化点等。1960年岩金地质勘探公司补采岩金样品，品位达到每吨含金量5克，最低可采边界品位每吨含金量3克。

钼矿　二道河子断裂与阿时什河断裂交汇处，矿化点含钼最高0.04%，矿化不均匀，成固类型为高温热液充填交代型钼矿化。

其他矿有铜矿、铁矿、铅锌矿、银矿、锡矿、钨矿、铬矿等，未开采。

非金属矿有煤矿、泥炭、石英矿、石灰矿、长石矿、水晶矿、蛇纹岩矿、石英砂矿、石墨矿、石棉矿。

第六节　水资源

一、地表水资源

五常市是省内水资源比较丰富的地区，流域集雨总面积12 908平方公里。大气降水时本市河川水资源的主要补给来源，流域多年平均降水总量为91.90亿立方米。境内平均折合降水深712毫米。

河川径流 五常市绝大部分为拉林河流域。流域面积12 603平方公里，阿什河流域很小，流域面积仅305平方公里。

水能蕴藏量 五常市水能资源十分丰富，已建成小型水电站3处，总装机容量达到0.43万千瓦，水能资源占全市水能理论蕴藏量15.85万千瓦的20%左右。

二、地下水资源

受地质条件制约，室内地下水埋藏深度不一，浅者不足4米，深者百米以上。

室内地下水，按含水层性质及埋藏条件，主要分为4个类型区，即山区丘陵基岩裂隙水区；高平原微承压或承压孔隙浅水区；平原孔隙、裂隙承压层间水区；各平原孔隙潜水区。

三、主要河流

拉林河 发源于张广才岭西麓老爷岭（大秃顶子山）是松花江右岸的一大支流，流域面积12 603公里。市内支流纵横密布。较大支流右岸有牤牛河，左岸有溪浪河。向阳山以上为上游段，向阳山至牤牛河为中游线，牤牛河口以下为下游段。

牤牛河 发源本市冲河镇老爷岭（大秃顶子山）西坡。牤牛河由东南流向西北，经四平山在冲河附近有支流冲河汇入，再经龙凤山水库，北折至志广乡新立屯附近，又有支流大泥河汇入，折向西流，在营城子乡马青山屯附近流入拉林河。牤牛河有支流14条，支沟183条，河长约201公里，流域面积5 300平方公里。

溪浪河 发源于吉林省蛟河市秃头山，上游细鳞河、呼兰河、珠琦河等几个支流，至舒兰市平安镇附近汇合，向北流入本市，称溪浪河，至五常灌区二道通拦河坝上注入拉林河。在本市境内流长24公里，流域面积130平方公里。

阿什河 发源于尚志市内青山麓，在本市境内流长42公里，经哈尔滨市阿城区流入松花江，流域面积305平方公里。

第六章 凝心聚力，促进老区发展

第一节 解放思想 凝心聚力求发展

中共中央市委六届五次全体（扩大）会议召开，会议确定了五常2019年的工作任务，号召全市人民为五常革命老区的进一步发展指明了方向。

一、2018年主要工作回顾

市委六届三次全会以来，在习近平新时代中国特色社会主义思想和党的十九大精神指引下，市委深入贯彻落实中央和省市委各项决策部署，团结带领全市各级党组织和广大党员干部群众，务实担当，开拓进取，经济社会发展和各项事业取得新成效。

坚持调结构、促转型，综合实力持续攀升。始终聚焦多措并举，精准发力，经济运行稳中有进。

坚持转方式，提品质，现代农业稳步发展。坚持把乡村振兴战略作为新时代"三农"工作总抓手，继续提升农业综合能力，划定粮食生产功能区274万亩，重要农产品生产保护区50万亩，推进高标准农田、黑土地保护、农业机械化等项目，粮食总产量稳居全省前列，被国家粮食局和物资储备局授予"中国好粮油行动示范市"称号。

153

坚持抓改革、添动力、发展活力充分释放。突出重点，强化措施，全年推进改革项目65个。深化"放管服"改革，完成流程再造突审工作，共精简要件3.8%，精简时限12.7%，精简环节4.7%.

坚持抓统筹、强动能、城乡面貌大幅改善。从改革群众生产生活条件入手，开发房屋34万平方米，启动8 233厂家属区棚户区改造项目。

坚持补短板、惠民生,群众福祉不断提高。聚焦"两不愁三保障"，深入实施"十大扶贫行动"，持续推进产品扶贫、健康扶贫等政策落实，实施种植业、光伏发电等产业扶贫项目351个，贫困户全部喝上了放心水、住上了安全房、有了增收项目，2018年全市628户1 231人脱贫，1个贫困村出列，完成了年度滚动计划任务。

坚持强治理、保稳定、民主法治扎实推进。加强对人大、政协工作的领导，支持人大履行职能，有力推动各项重点工作落实；政协充分发展职能优势，广泛凝聚社会各界发展动力，支持法检两院依法履行职责。

坚持严管理、转作风、党的建设全面加强。坚决扛起管党治党政治责任，全面强化基层党组织建设，深入推进农村党建"5+N"工作体系、城市党建"双网融合、三方共进"工作模式和"两新"组织"四优四强"创建活动，全面开展"五好支部"创建活动，打造"五抓五治"工作模式。

二、2019年重点工作安排

全市经济社会发展主要预期目标是：地区生产总值增长6%，地方公共财政预算收入增长4%，城镇居民人均可支配收入增长7%，农村居民人均可支配收入增长8%。

围绕上述目标，重点抓好以下五个方面工作。

一是以实施乡村振兴战略为引领，全力提升农业现代化水平。坚持农业农村优先发展，深入实施乡村振兴战略，深化农业供给侧结构性改革，提高农业良种化、机械化、科技化、信息化、标准化水平、争当全省农业现代化建设标兵。

二是以推动高质量发展为核心，全力提升经济综合实力。立足牛家开发区提档升级，坚持质量第一、效益优先，抓招商、上项目，强产业，推动质量变革，效率变革、动力变革。

三是以打造新的增长点为目标，全力提升旅游产业发展品质。坚持全领域全要素、全产业链发展，充分挖掘稻香文化、山水文化、历史文化、京旗文化，做强旅游产业，增强拉动经济发展能力，

四是已满足人民美好生活需要为根本，全力提升群众幸福指数。坚持以人民为中心发展思想，把提高民生福祉作为首要任务，持续办好事、干实事，为城乡群众提供更舒适的生活环境，更可靠的社会保障。

五是以强化社会治理为带动，全力提升共谋发展的思想共识。坚持以法治市，维护社会和谐稳定不动摇，全面加强精神文明建设，广泛凝聚振兴发展合力。

全面加强党的建设，为推进全面振兴全方位振兴提供坚强政治保证。办好五常的事情，关键在党，根本在党要管党，从严治党。全市各级党组织要切实担负起管党治党政治责任，努力把党的政治优势和组织优势转化为推动振兴发展的强大动力。

一是加强政治建设。始终把旗帜鲜明讲政治贯穿到党的建设全过程，牢固树立"四个意识"，坚定"四个自信"，坚决维护习近平总书记的核心地位，坚决维护中央权威和集中统一领导，

自觉在思想上政治上行动上同以习近平同志为核心的党中央保持高度一致。

二是加强思想建设。坚持理论中心组学习、党校培训、理论宣讲等制度，持续学习习近平新时代中国特色社会主义思想和党的十九大精神，系统学习习近平总书记在深入推进东北振兴座谈会上的重要讲话和考察黑龙江时的重要指示精神，推动中央和省市委各项决策部署落地生根。

三是加强队伍建设。坚持讲担当、重担当的鲜明导向，让敢担当、有作为的干部有奔头，落实《关于进一步激励广大干部新时代新担当新作为的意见》，把敢不敢扛事、愿不愿做事，能不能干事作为识别干部、评判优劣、奖惩升降的重要标准，选拔任用敢于负责、勇于担当，善于作为，实绩突出的干部。

四是加强组织建设。贯彻落实《中国共产党农村基层组织工作条例》，强化农村"5+N"工作体系建设，巩固提升社区"双网融合、三方共进"党建工作法，推进党的组织设置的活动方式创新。

五是加强作风建设。持之以恒落实中央八项规定及实施细则精神和省市委有关规定，认真贯彻落实习近平总书记关于进一步纠正"四风"、加强作风建设的重要指示精神，突出解决形式主义、官僚主义等问题，坚决防止"四风"问题反弹回潮。

六是加强廉政建设。落实"两个责任"，推动从严治党责任层层落实。

今后五年的奋斗目标和主要任务：

突出现代农业，打造全国绿色食品产业桥头堡。

突出产域融合，打造哈长城市群次中心。

突出全域旅游，打造长白山旅游产业新节点。

突出城乡统筹，打造和谐宜居宜业生态域。

2019主要任务：

2019是庆祝建国七十周年，也是打赢脱贫攻坚战的决战之年，这场决战是党中央的战略部署，是对全国人民的庄严承诺，将载入人类发展的重要史册，必须取得全胜。也是推进"十三五"规划的关键一年。经济发展的主要预期项目均已确定。

围绕上述目标，市政府要努力做好以下六个方面工作：

以发展生态农业为核心，推进五常大米产业新提升。

以产业项目建设为抓手，培育工业经济增长新动力

以旅游产业为突破，培育现代服务业新亮点。

以打造宜居城市为目标，全力推进城乡一体化进程。

以增加民生福祉为根本，推进社会事业协调发展。

已创建平安五常为载体，不断提升社会治理能力。

全面建设人民满意政府：

始终把昂扬向上、奋发有为作为政府必须坚持的精神状态。

始终把雷厉风行、真抓实干作为政府必须坚持的工作作风。

始终把改革创新、优化环境作为政府必须坚持的重要使命。

始终把学法懂法、农法行政作为政府必须坚持的第一准则。

始终把廉政守德、干净干事作为政府必须坚持的牢固底线。

各位同志，千帆竞发强者先，百舸争流勇者胜。市政府将在市委的坚强领导下，紧紧依靠全市人民，不忘初心，奋勇向前，以昂扬饱满的斗志迎接新挑战，以坚韧不拔的毅力践行新理念、新思想，以无坚不摧的锐气推动新发展、为把五常全面建成小康社会而努力奋斗！

第二节　弘扬老区精神，发展各项事业

一、传承弘扬老区精神，做好宣传文化工作

五常市共有24个乡镇，其中革命老区有四个镇，下辖51个行政村，279个自然屯，到2018年末，四个老区镇年人均收入超过17 000元，略高于全市年人均收入。

五常市老促会在市委、市政府的领导下，始终把继承发扬老区精神，做好宣传文化工作作为老区工作重点，老区宣传文化工作到位，文化设施健全。全市有博物馆1处，建有红色遗址6处，市立图书馆1个，文化广场2处、文化公园3座，青少年文化宫1所，专业演出团队1个，群众业余演出团体5个，据不完全统计，室内各种群众健身、娱乐群体60余个。四个老区镇51个老区村均建有文化娱乐场所，面积达40万平方米，其中45个老区村建有活动室、休闲广场，面积15万平方米，有些村有文化书屋，这些都极大地促进和丰富了老区宣传文化工作，促进了老区经济建设的发展。

（一）传承红色文化，大力宣传弘扬革命老区精神

五常是抗联十军的大本营，也是抗联四军曾经打击日寇的地方，抗联名将赵尚志也曾在五常开展抗日活动，铸就了以抵御外敌入侵、不畏强暴、不怕牺牲、前赴后继、英勇抗争为标志的爱国主义精神。五常市老促会从成立之日起，就始终把讲好老区革命故事发掘革命历史，传承弘扬老区精神，作为搞好老区宣传文化工作的重要任务，多年来，先后编撰出版了《抗日英雄汪雅臣》《风雪凤凰山》《五常抗日英烈传》等多部有关五常革命老区革命与建设的乡土读物，同时还会同市委宣传部、组织部等老

促会成员单位在新闻媒体和各种期刊上发稿，每年都发表稿件多篇，广泛宣传了五常老区革命斗争史及老区经济发展成就。

近几年来，我们在弘扬老区红色文化上下功夫，重点讲好五常老区革命事迹。一是利用大小会议，节假纪念日搞好老区精神宣传；二是利用各种新闻媒体进行宣传，唤起全社会对老区工作的关心和支持；三是发挥老干部通讯报道的作用，在报刊上发表稿件。同时还组织青少年到历史遗址，革命烈士陵园参观，缅怀先烈，到博物馆了解老区的发展成就，感受老区人民追寻中国梦的伟大情怀。

（二）身体力行，传承弘扬老区精神

市老促会几任主要成员都是离退休干部，在没有编内人员的情况下，既要办好服务老区等各项事务，又要为发掘抢救老区历史办点实实在在的事情。已经编写的书刊，的确来之不易。其成功主要在于这些老领导、老同志求真务实，亲自动手，如我市老促会会长郭清沧同志，是新中国成立前参加工作的老同志，王敏同志是曾任副县长的离休老干部，谷方程同志曾任政协副主席。这些老同志亲自动手、亲自修改、亲自整理历史资料、主持召开作品研讨会，先后向省内外作者电话和书面联系，撰写文稿20多篇，这对几位年过古稀的老人来说，真是付出了不同寻常的辛劳。对此，我们有两点想法，一是老区革命先行者的业绩，需要尽快整理出来，不能在从事老区工作的人手里，让它埋没了；另一个是我们老促会的同志，都程度不同的经历过几十年的革命工作，还有那么一股劲，觉得能在有生之年为老区人民留下一笔精神财富，使老区精神代代相传，也是以习近平总书记加快老区发展的一系列重要指示为指导，时刻不忘为老区人民尽绵薄之力。

（三）承前启后，开拓进取，努力做好老区宣传工作

不管老促会成员怎么变换，但我们弘扬老区精神的宗旨始终不变，自觉以其他先进县市老促会为榜样，找准工作切入点和着力点，努力把五常老区的宣传文化工作做好。

第一，从实际出发，编写简单易记的小册子，在开展爱国主义教育中，我市老促会向阳镇分会、沙河子分会为老区中小学和共青团组织编写了抗日英雄汪雅臣的革命斗争故事材料，对青少年进行爱国主义教育。为全市宣传老区革命历史，弘扬老区精神提供了教材。

第二，深入调查研究，为经济建设建言献策。我市老促会围绕市委中心工作，每年坚持拿出一两个月时间走访基层，为促进经济持续发展出谋划策，得到了市委、市政府的充分肯定，2011年老促会同志去辖区调研，发现老区群众反映饮用自来水抽水电价高，群众负担重，向市领导汇报，市政府协调电业部门，把电价调到居民生活用电价。老促会下乡调查发现老区给群众用水打井，资金不足，协调民政部门拿出十余万元，解决资金不足问题，协调水务部门为老区群众打饮水井免收或少收费等，通过动员社会力量，加大扶持老区的发展力度，增加了对老区的投入，推动了老区的发展建设。

第三，发展红色旅游业，为老区宣传鼓与呼。五常这片神奇的土地，既有悠久的古老传说，又充满了革命志士的光辉业绩。革命老区沙河镇双龙村是抗联十军军长汪雅臣牺牲的地方，福太村是抗联四军军长李延平牺牲的地方，人们自然地把二位将军的牺牲地点称为英雄山，通过积极打造，蛤蜊河子村修建了英雄山庄，修建了旅游专线，通过参观英雄纪念碑，缅怀先烈教育后人，通过挖掘完善红色旅游，打造红色旅游产业，拉动老区经济发展。

第四，把老区宣传作为老促会的重要任务。我市老促会把老区宣传工作，摆在位上，抓在手上，一抓到底。把弘扬革命老区精神作为核心人物，即宣传党的一贯老区方针政策和中央领导同志的一系列指示，也宣传地方党委、政府关于老区发展的政策。老区宣传有增无减，坚持把老区宣传纳入到党委宣传部门的整体宣传计划之中，由市委主管领导亲自部署，老促会会长主抓，召开会议落实，每年都提前超额完成订阅任务，收到明显的效果。

第三节　发展特色产业

一、向阳镇老区建设发展

党的十九大，确立了习近平新时代中国特色社会主义思想为党的指导思想，规划了两个一百年的宏伟蓝图。以习近平为核心的党中央十分关怀革命老区的建设和发展。给予老区特殊的支持，成为激励老区人民前进的强大动力。坐落在五常市东南部山区的向阳镇，是抗日英雄汪雅臣的根据地和游击区，被确定为五常市四个革命老区镇之一。在促进老区经济发展政策的支持下，以饱满的精神状态和工作热情，全方位的推进老区基础建设和经济发展。特别是在饮用自来水项目，道路建设和改善办学条件等诸多方面，得益于党和政府的对老区的关怀。在改善基础设施建设的同时，依托资源，发展特色经济，结合精准扶贫、促进镇域经济实现跨越式发展。为全面进入小康社会，奠定了坚实基础。

向阳镇属于山区向平原过渡地带，水利资源，林业资源十分丰富，向阳镇党委政府提出了"建品位镇、走特色路，发山水财"的发展思路并付诸实施，2017年人均收入达到14 500元，2018年达到15 800元。

向阳镇辖区面积361平方公里，16万亩耕地，其中水田面积12万亩，林地37万亩，其中集体林地6万亩。西部和西北部是丘陵，东部和东南部是山区，中部为河谷平原。过去农民在仅有的耕地上做文章，小农经济单一经营模式，农民增收缓慢。近年来，青壮年劳力外出务工经商，农村居住人口减少，一家一户经营模式逐渐被打破，镇政府针对农村现状，一方面鼓励农民走出去，另一方面大力扶持合作经济，各种类型和各种规模的农业合作社，如雨后春笋，应运而生。镇党委创新发展思路，因势利导，抓好产业结构调整，提升传统的，发展特色的。每个村都成立了专业合作社，促进农业增效、农民增收。还建立了水稻种植，食用菌栽培、林蛙养殖、北药栽培协会，把分散的农户经营统一组织起来，实现了统一经营，规避了在生产中的诸多风险。形成产加销一条龙，利用电子商务平台，实现了优质优作，解决信息不畅问题，提高了市场竞争力。

（一）调优种植结构，突出发展水稻

农业供给侧改革如何改，结构调整怎么调，政府经过反复调研论证，决定增水稻、降玉米、活林业，发展旅游，走生态路，打绿色牌，挣特色钱。

一是增加水稻种植面积，调优品种。向阳地处拉林河中上游，拉林河从镇东南入境，流经25公里，从镇西北出境。辖区内有沙河子、向阳、双兴三个水利灌区。小型水库三十余座，塘坝星罗棋布，发展水稻空间很大。按照五常市扩稻工程规划向阳镇积极稳妥地推进，近几年水稻面积由8万亩，增加到12万亩，采取充分利用现有水源，打井补水等诸多措施，实现了增水稻目标，只此一项农民增收4千万元。

二是调优品种，中部河谷平原，积温高，适宜种植生育期长的稻花香系列。山区半山区，因为昼夜温差大，积温不足，易受早霜危害，水源冷凉，适宜种植早熟稳产的粘稻品种，因此粘稻

种植面积达到2万余亩，并且有较好的收益。

三是玉米稳中有降，玉米取消保护价收购政策以后，受进口的冲击，效益下滑。政府因势利导，玉米种植面积由4万亩，调到了3万亩。增加水稻、杂粮、发展露地蔬菜。

（二）延伸林业产业，发展林下经济

向阳境内有三个匡营林场；37万亩林地，集体林地6万亩。对发展壮大村集体经济起了很大作用。为使林业蓄积发展后落实习主席绿水青山就是金山银山的指示，在保护林业资源上，探索粮林并举走以短养长的特色之路。

一是退耕还林。由于历史的原因，过去侵占林地的现象较为普遍。近二年来，镇党委配合林业部门，加大了打击破坏林地、侵占林地的力度。实施天然林保护工程，杜绝了入山毁林，盗伐林木现象。凡侵占林地开荒的，必须退耕还林，去年开始，已退耕还林1.8万亩。落实退耕还林政策补贴，使林业生产恢复了生机。

二是发展食用菌，形成特产优势。

发展以黑木耳为主要品种的食用菌，需要以木屑为主要原料。向阳镇林业资源为黑木耳栽培提供原料，加之水源优良、环境清洁、气温适宜、所生产出的黑木耳品质上乘。经济效益好，种植技术不断创新，由人工到半机械化生产，从零星到规模化生产，2018年达到1.5亿袋，农民增收1.5亿元。镇政府把这项作为发展特色经济，调节结构的主攻方向。培育市场，推广新技术，支持成立协会。现有九三、五家桥、齐船口、保山等村成为专业村和生产基地。

三是发展林下经济，取得较好的经济效益。

向阳镇有山有水，森林覆盖率达到百分之七十多，广大群众充分利用这一优势大力发展林下经济，拓宽思路，创新增收。

1.林蛙封沟半人工养殖。林蛙是黑龙江特有的珍稀物种，药食兼用，经济价值很高。过去由于过度捕捞，野生资源枯竭，林蛙半人工养殖成为新兴的产业。办法是人工孵化蛙卵，待蝌蚪变态后，将幼蛙进行野外放养，利用林蛙回归的特性，模拟野生条件越冬，三年为一个周期。达到商品蛙标准出售，经济效益十分看好，向阳现有养蛙户25个，产值350万元。

山野菜采集、利用和保护。形成产业。山野菜蕴藏量较大。从春到秋都可采集，不仅成为人民餐桌上的美食，且具有医疗保健作用。给农民也带来丰厚的收入。也是一种弃之为草、收之为宝的资源。近几年从单纯的采集，编为人工栽培和保护。蒲公英，刺五加，作为早春第一菜，春季大量上市。向阳有十余户利用大棚培育蒲公英、小根蒜，每平方米获益三十至五十元。春季采集的野菜品种繁多上市量大，主要的有，黄瓜香、龙须菜、水蕨菜、猫爪菜等，秋季采蘑菇，猴头。许多品种由野生到家种，形成特色产业。山区的农户多的能收入万元。仅此农民增收500万元。

2.大力发展北药。向阳镇利用庭院栽培平贝历史较长。栽培面积稳定，据统计有150亩。价格有低谷出现反弹，每亩效益5 000元以上。林下参、园参面积达到90亩，五味子、刺五加也有的在林下试种。

3.整合旅游资源，延伸服务行业。

向阳镇青山绿水，有着独特的田园风光，从向阳电站为主景的山水游，小河里、龙湾湖、满天星、一棵松水库都属于自然风光景点，具有很好的开发潜力。凤凰山、雪乡两个景区，向阳镇是必经之地、为发展旅游业带来机遇。餐饮、住宿等服务行业都十分火爆。每到旅游旺季，向阳山旅馆，饭店接待过路游客数百人。旅游车数十辆。同凤凰山、雪山形成互补关系，收到相得益彰的效果。

二、冲河镇老区建设发展

冲河镇位于五常市东南72公里处，是一个山清水秀、物产丰富的山区小镇。辖区面积1 423平方公里，11个村43个自然屯，人口3.2万，耕地面积20万亩，现有贫困人口172户305人。近年来，我镇党委和政府高度重视发展壮大村级集体经济工作，通过农业产业结构调整、原油产业持续发力、积极发展特色产业等方式带动实现发展壮大村级经济，保障脱贫攻坚工作的总体目标得以顺利实现。

（一）主要做法

一是积极调整农业产业结构。减少普通玉米种植面积，优化种植结构，今年我镇旱田改水田约有6 000亩左右；除玉米以外其他农作物种植面积达到8 000亩以上。我们通过农业新型主体的示范带头作用，引导农民加快农业产业结构调整的步伐，以此促进农业增效、农民增收。

二是原有产业持续发力。我镇是五常大米东南主产区之一，种植面积接近16万亩。主要出产粘稻和稻花香，因为五常大米品牌的价格优势，我镇通过旱改水来扩大水稻种植面积，通过精耕细作来提高大米品质和产量，通过企业和合作社加工销售来提升大米的价格。今年我镇水稻产量和大米价格都在稳步增长，农民的经济效益也在逐年增加。

三是努力发展特色农业。以鹿青山村为龙头的地栽木耳产业辐射全镇多个村屯，种植量达到0.5亿袋，预计增收5千万元左右；以四平村永泽粮油公司为主体的野山参种植面积增加到8 000亩，增收约3 000万元左右；素有"黄牛村"之称的旭日村黄牛养殖存栏量达2 000头以上。目前，旭日迎民黄牛养殖专业合作社养殖基地厂房已经动工，占地面积0.75公顷。项目总投资1 000万元。该项目竣工投产后，将极大地拉升我镇的黄牛养殖产业。

四是积极筹划产业助脱贫。我镇冲河村贫困户李桂兰一家在帮扶人赵会君的帮助下，多方筹措资金盖圈舍养猪取得了明显成果，现存栏量已超过50头，按照扶贫优惠政策又盖起了60平方米的彩钢房，全家已经达到脱贫标准。在此户的养殖脱贫模式带动下，其他帮扶人和贫困户也纷纷效仿，十余户贫困户也开始养起羊、猪、鸡等畜禽，纷纷跃跃欲试向早日摘掉贫困的帽子。来年我镇将因户因人继续加大养殖脱贫工作力度，积极争取产业扶贫资金，走集中饲养统一销售的发展路子，以此让更多的贫困户早日脱贫，走上致富之路。

另外，我镇四平村拟建纯粮酒厂一座，广大贫困户以土地、粮食、资金、劳力等形式入股，由村集体选人负责经营，所得利益按股份分配，带动贫困户脱贫。

（二）促进老区发展的主要措施

一是要选优配强村领导班子，按照公正、能干、正派、有为的原则，从专业大户、企业骨干、高校毕业生、机关事业单位等人员中，选配村干部，打造一支懂经营、会管理、素质高、适应市场经济要求的村干部团队，特别要选好带头人，以达到用好一个人，激活一个班子，带富一个村的效果。二是加大对在职村干部的素质培训。通过对政治思想、政策法规和经济管理知识的培训，全面提高村干部政治素质和业务素质。三是建立健全村级考核激励机制。把村干报酬与村级经济发展有机挂钩，以形成内在激励机制。对发展村级经济有突出贡献的村干部，予以提拔或高配。四是加大对经济薄弱村的帮扶力度，增强造血功能。加大驻村帮扶的工作力度，着力提升帮扶的质量和水平，提高帮扶的效率，拿出切实可行的方案。五是发挥自身优势，大力招商引资。各村要充分发挥和利用自身的优势，如区位优势、自然资源优势、传统产业优势和特色经济优势，大力招商引资，即形成了诸如标准厂房出租带来的稳定的物业收入，也可以村有产业或设施，与外来投资者合股合作经营，通过投资分利形式获取产业收入。同时，通过招商引资，兴办产业，壮大集体经济。

第七章 老区红色资源

第一节 红色教育基地——革命烈士纪念馆

一、五常市革命烈士纪念馆

1955年4月5日，哈尔滨市人民委员会暨各界人士以沉痛的心情敬祭汪雅臣将军，将汪雅臣的遗首安放在哈尔滨烈士陵园。对汪雅臣将军的光辉业绩和崇高品质给予高度评价和赞扬。公祭大会的祭文中写道：

将军献身于民族解放事业，英勇牺牲，至今已达十四年之久，但将军在抗日斗争中的光辉事迹和崇高气节，人民是永远怀念的……抗日战争中将军十军如一日，英勇地站在民族解放斗争的最前列，为中华民族的解放，献出了自己的生命，将军的崇高品质和英雄气概将永远铭刻在人民的心中，英雄的事迹永垂不朽……

1956年，五常县政府于五常县城南杏花山为纪念汪雅臣同志的英雄事迹建立纪念馆，馆内珍藏烈士当年曾经使用过的生活用品，如水壶、土锅、脚穿的乌拉等。纪念馆正厅还有汪雅臣将军的塑像。

纪念堂前有五常市人民政府于2008年8月15日建立的纪念碑。碑文是：

在抗日战争，解放战争和社会主义建设时期，为了祖国独立，民族解放，人民幸福，无数先烈前仆后继，浴血奋战，为国捐躯，英雄们流芳千古，功勋与天地共存，伟绩与日月同辉，五常人民为缅怀忠烈，激励后人，建此丰碑，谨志敬仰。

革命先烈永垂不朽

五常市人民政府

"革命烈士纪念碑"几个大字是黑龙江省原省长陈雷书写。

每年的清明节，数不清的工人、农民、学生及各界人士自发地前去献花、吊唁、寄托哀思，告慰这位将军及其他革命先烈的英灵。

二、小山子革命烈士纪念馆

小山子革命烈士纪念馆位于小山子东门外一处，纪念馆内有1946年小山子战斗后，牺牲的七十二位烈士的遗像遗物，有当年英雄事迹展览的历史图片，事迹简介等，纪念馆外有七十二位烈士墓，有李连长的烈士墓在正中位置。每年清明节、六一儿童节，都有中、小学校师生和各界人士前来瞻仰。

第二节　革命烈士陵园

一、拉林革命烈士陵园

拉林革命烈士陵园位于拉林镇东部，每年的清明节和"六、一"儿童节都有中、小学校师生和各界群众前来瞻仰，继承先烈遗志，不忘党的恩情，增强爱国主义的情感，努力为改革开放贡献力量。

二、八家子革命烈士陵园

八家子革命烈士陵园建于八家子政府东部，每年清明节和六一、七一都有学校师生和社会各界前来瞻仰，缅怀先烈，不忘党恩，增强爱国主义情感，努力为改革开放做出突出贡献。

第三节　革命烈士墓、碑

一、沙河子英雄山革命烈士纪念碑

解放后，人民为缅怀抗联十军军长汪雅臣同志的英雄事迹，在其牺牲地沙河子石头亮子屯的山上（现改名为英雄山）竖立纪念碑，每逢清明节和六一、七一、八一等节日，都有很多中、小学校师生和社会各界前来瞻仰。缅怀先烈、继承遗志，为改革开放贡献自己的一切力量。

二、沙河子福太村革命烈士纪念碑

沙河子福太村一带曾是抗联四军军长李延平率领抗联战士浴血奋战的地方，当年就曾在这里与日军进行顽强斗争，在这里牺牲，人们为了缅怀先烈，不忘党恩。在他牺牲地的山上为其建立纪念碑。

附 记

解放后社会各界部分模范人物
事迹简介

一、闪光的足迹——原志广乡五星村党支书姜凤武

姜凤武，原志广乡五星村党支部书记。1908年出生。于奉天省（今辽宁省）柳河县圣水河村，少年就读于当地官学。1929年孤身逃荒到珠河县（今尚志市）乌吉密二排屯，1930年迁三区诚信村（今志广乡所在地）福聚广屯。1946年底，参加土改工作队，先后任文书、农会主任等职。同年11月参加五常县第一次工农代表大会。1947年5月加入中国共产党，任第三区于粉房村党支部书记，被评为一级劳动模范（相当于现在的模范标兵，全县只评一名）1950年，办起了全县第一个农民互助组。1952年创建两个农业生产初级合作社，即五星社和展望社，同时兼任供销社监理之职。1953年参加第三届赴朝慰问团，荣获"抗美援朝纪念章""赴朝慰问纪念章""金日成主席头像章"各一枚。1956年1月1日办起了全县第一个高级社——五星社，任党支部书记。同年撤区划乡，姜凤武任志广乡党总支副书记兼五星大队党支部书记，1958年成立人民公社，任志广乡党委委员，五星大队党支部书记。1948年至1965年，年年受表彰，先后被评为县劳动模范、

一级干部模范、文教战线先进工作者。1967年被选为县革命委员会核心组成员，参与全县工作。1982年退休。是五常县第三届、第五届党代会代表，第七届人代会代表。黑龙江省第一届人代会代表、第三届党代会代表、第五届党代会代表。1996年病逝，终年88岁。

二、计中文书记在冲河

冲河镇四面环山，峰峦竞秀，境内纵横这两条河流：一名曰牤牛河，南北流向，贴马尾山根转弯西下；一名曰冲河，东西流向，经镇南门外流到西门外，贴北庙山根顺溜西下与牤牛河汇合，并肩流入到龙凤山水库，因河内盛产金鳞鲤鱼、红尾鲫鱼，故冲河镇被称为鱼米之乡。

1972年4月，计中文同志调任冲河公社党委书记，他在三级干部会议上了解到由于1971年遭到严重的水灾，冲河公社11个大队所有农民的口粮都吃不到半年，手中又无钱，日子很难维持，生产小队，没有种子、化肥等春耕资料，耕畜没有饲料，小队长多数不干了，基层班子处于瘫痪状态，这一切都摆在新上任的计中文书记面前。

计中文书记赴冲河上任之前，县委书记田凤山同志握着他的手说："你此去冲河要操太多心了，在操心中创造成绩吧！"当时，计中文书记以为这是上级对下级的勉励，现在才感到了这几句话的分量，计中文书记焦心苦思，想出分三步走治理冲河的规划。

第一步：治理冲河公社的两条内河，灭绝水患。

计中文书记在公社三级干部大会上通过了"一步走"的五项规划和"两手抓"的办法，给三级干部打气鼓劲。计中文书记和农民打成一片，一起参加劳动。从春耕到夏锄，从夏锄到秋收，终于获得了农业大丰收，完成了征购粮任务700多吨。

第二步：组织公社干部到外地取经，学习科学种田，使农业产量翻一番。

第三步：在取得成绩的基础上大干快变，抓好治河工程，坚决治住两条内河，彻底消灭水患，变水害为水利。

1974年8月4日公社召开了治河大会。公社党委成员、全体干部、大队书记、小队队长都参加了会议；计中文书记在大会上讲话，他说："牤牛河、冲河这两条河，三个年头，给我们造成了两场水灾，这两条河是我们永久的祸患！害的人民灾上加灾！今年的水灾我在场，平地水深1尺多，过腰深的庄稼淹没在洪水之中，治河的重任，我是责无旁贷！我希望大家齐心协力，共同治理好这两条河流。"

经过53天的奋力拚搏，一座192 500立方土的巍峨长堤落成于冲河北岸，像条卧龙守卫着冲河人民的幸福家园。

三、为特殊教育建功立业的人——全国教育系统劳动模范关仁辅

在全国特殊教育优秀工作者表彰奖励大会上，一位颇具学者风度的中年人在讲坛上作"红在聋校，专在聋校，头发白在聋校"的典型发言。他中等身材，面目清瘦，戴副深度近视眼镜。满怀激情的讲演，不时被热烈的掌声所打断。他，就是黑龙江省五常县聋哑学校党支部书记兼校长关仁辅。

关仁辅身体伤残多病，但他却以超出常人的毅力，拼搏、奉献在特殊教育的岗位上。为了聋哑儿童残而不废，残而有学，自食其力，他辛勤的耕耘，不懈地探索，被人们誉为"涸土上的园丁"。是黑龙江省特教战线上唯一的特级教师。他继1985年被授予全国特殊教育优秀工作者之后，1989年又被评为全国教育系统

劳动模范，荣获"人民教师"最高荣誉奖章。1991年被评为全国助残先进个人，受到国家八个部委的表彰奖励。党和国家领导人亲切接见并合影留念。

1963年，关仁辅从中等师范毕业后，被分配到乡村学校任教。

青年的关仁辅，朝气蓬勃，勤奋好学，兴趣广泛。在认真完成教学任务之余，他喜爱文艺，爱书法，表现了极好的文艺天赋。当时，很有影响的《燕山夜话》吸引着他。他投书邓拓，进行文学、历史和人生哲理方面的探讨，以充实自己的知识。因此，他的厄运伴随"文化大革命"的开始，被投入"牛棚"接受劳动改造。不幸，在一次挖防空洞时，地洞塌方，他被砸断了三截腰椎骨，造成下肢瘫痪，长达四年之久，他的爱人也受到了株连，被清除了教师队伍。

此时，一家人的生活，犹如从悬崖上跌入危难的深谷。两个年幼的孩子因营养不良，经常患病，无钱医治，男孩子导致后天聋哑，女儿形成佝偻病，儿女双双落下残疾。接连的打击和不幸，使他和整个家庭到了难以支持的境地。

1972年8月，原县教育局的几位老领导看他生活实在艰难，冒着政治风险，把他安排到五常县聋哑学校，做勤杂工作。

党的十一届三中全会之后，1979年1月，组织上为关仁辅彻底平反，又定为工伤，同意他在家休养，工资照发。他谢绝了组织上的照顾，以更加饱满的热情工作着。

1980年，组织任命关仁辅为聋哑学校校长。当时聋哑学校只有6名职工，3个教学班，17名学生。仅有的7间泥草房也已东倒西歪，学校除了三张办公桌和两个破卷柜外，其他一无所有。当时全县有900名即将超龄的聋哑儿童急待入学，许多家长为孩子急得四处托人求情。面对这种情况，关仁辅吃不好睡不好，他下决心要解决聋哑儿童入学难的问题。于是，他夜以继日的制定出学校十年建设发展规划。得到了县教育局领导的支持，拨给了3万元维修费，批建200平方米校舍。为了使有限的经费发挥更大的作用，尽最大努力满足聋哑儿童入学的迫切要求，关仁辅吃、住在工地，带领老师搬运砖瓦、油漆门窗等义务劳动。能干的活，就绝不雇工，能用的材料，绝不浪费。奋战一百天，终于提前半个月，在没有超支的前提下建成了300平方米校舍，为国家节约资金12 000多元。与此同时还办起了一座木工厂，自制了四个教学班所需的课堂桌椅80双人套和全校教师的办公桌椅。

多年来，他和全校师生牺牲了假期休息时间，共建成校舍1 300多平方米。从而保证了事业的发展。目前学校已发展到18个教学班，其中初中班6个，全县聋哑儿童入学率由原来的9%提高到现在的71.9%。

关仁辅在我国特殊教育工作上，有建树，有声望，他的名字被《中国普通教育、职业教育系统优秀教师名录》和《中国当代教坛名人辞典》及《中国当代教育家辞典》所收录。

1991年5月份，关仁辅又被授予全国助残先进个人，受到党中央和国家八个部委的奖励，并受到了党和国家领导人的亲切接见并合影留念。

关仁辅在2005年病逝，终年63岁。

四、葵花药业公司总经理的心胸——省劳模关彦玲

关彦玲，男，满族，1960年10月出生，军人出身，1984年毕业于大连陆军学院。曾担任连指导员，转业后在政府机关工作，而后两次在深圳特区做企业管理。2009年8月至今，任黑龙江葵花药业股份有限公司的总经理、党委书记。

（一）着力落实"三关文化"，营造企业"四个环境"，践行葵花价值观

这个公司长久以来，一直坚持以"产业报国、贡献社会、受益员工"的葵花文化核心价值观为基础，着力落实"三关文化"，营造"四个环境"。为员工启动了"大病互助基金"项目，给患重大疾病的员工以经济补助，帮助员工排忧解难。

（二）引进人才，兼顾培养，实施人才兴企战略

近年来，他始终坚持"不为所有，只为所用"的葵花用人原则，大胆引进和起用人才。实施人才兴企战略，为一大批热爱制药事业、学有专长的有志青年，提供了展示自我才华、实现自我价值的广阔舞台。

（三）主抓研发，大胆创新，以科技引领企业发展

我们紧紧抓住产业链建设这一主线，围绕中药产业大做文章。在以独家研制、首家生产的护肝片为龙头，胃康灵胶囊及国家级新药小儿肺热咳喘口服液为代表的葵花牌系列药品群的支撑下，科研的开发进度在近几年也得到了突飞猛进的提速。

（四）振兴经济，拉动就业，回报家乡建设

多年来，他们不断地发展壮大。公司2015年度全省民营企业纳税百强排名第12位，医药企业排名第3位。在为地方市域经济作出了卓越贡献的同时，也解决了当地的就业问题，被当地政府连续多年授予"财源建设卓越功勋奖"并始终被评为国家A类纳税企业。

（五）投身公益、服务社会，播撒葵花大爱

葵花人一直秉承着"人间有疾苦，葵花多牵挂"的博爱情怀。自2009年以来，他们先后投入900多万元抗击"H_1N_1甲型流感"和"H_7N_9禽流感"。2010年9月，他们斥资1 000万元，协助国家卫计委举办了中国首届儿童安全用药传播与发展大会，与社

会各界人士共商儿童安全用药问题的破局之道。

如今，葵花人正全面贯彻落实"品种为王、特色经营、模式领先、全产业链竞争"的发展战略，朝着"双百葵花""千百葵花"的目标砥砺前行，继打造一个销售规模跨百亿、过千亿，盛誉百年的世界级品牌的葵花航母，为社会的发展与人类的健康做出更大的贡献。

五、兴村富民，共奔小康——五常市二河乡新庄村党支部书记刘清泉

倒退十几年，新庄村还是五常市二河乡最穷的村，年人均收入不足千元，村集体外债140多万元，一年到头村民上访不断，拖了全乡奔小康的后腿。

如今的新庄村可不比从前了，集体资产超过千万元，2017年村民人均收入19 000多元，作为国家级生态村，新庄村自2006年起连续12年通过国家有机产品认证，2012年被评为国家级示范社，在审核严苛刻、国际权威的SGS农残检测中，241项检测项目的农残值为零。

规划高起点，全省第一个生态农业村。

新庄村背靠硕大卢山、南临牤牛河，交通不便、耕地有限。除了山清水秀的生态环境，没有什么独特的资源优势。

1999年6月，新庄村党支部换届，年轻的共产党员刘清泉被选为村党支部书记。这个年轻人最大的想法是，时代在变，潮流在变，马上就进入了21世纪了，光靠"埋头苦干"还不行，一定要弄明白，市场是个啥潮流。

经过两年多的筹备，自2003年起，新庄村党支部引领部分村民采用新型种植技术，推动传统农业向着生态农业转型。

"咬定青山不放松"的执着追求中，2006年，刘清泉等五

名村干部牵头成立了新庄村农民专业合作社。在这种时代的潮流下，新庄村一年四季可见快递物流车辆，将有机稻送往各地超市。新庄村的米价从最初在市场上一两元到现在出厂价每斤30元，让农民看到了"生态"的价值、"有机"得实惠、"绿色"的潜力。合作社也由当初的本村1家，通过联合外村逐步发展到11家，吸纳1 000社员，拥有有机水稻种植基地40 000多亩。合作社帮村民卖粮3万多吨，累计增加收入1 000万元。

六、村民的好榜样，小康路上的带头人——付永华

黑龙江省人大代表、五常市人大代表付永华，中共党员。

付永华是青年农民的杰出代表。付永华曾经担任过小学民办教师，因工作年限不足没有转为正式公办教师，于2000年下岗回村务农。付永华觉得自己既然不能继续从事教育工作了，那就在农村干出一番事业来。下岗后，她开过食杂店，外出打过工，终于积累5万元资金，她回村后承包了5亩地，种上了油豆角，当年净赚了1.2万元。种油豆角成功了，让付永华找到了实现梦想的方向。2009年付永华成立了巾帼蔬菜合作社，经过几年的奋斗，村民们认清了形势，以后300多户加入了合作社，蔬菜面积达到了7.700多亩，辐射了三个乡镇七个村，868户，每年经济效益超百万元。随着合作社的快速发展和效益的提高。付永华的眼光看得更远了，手脚更加放开了。她重点抓了两件大事：一是抓合作社的产业规模，二是抓产品销售。

创办涉农免费教育基地，提升社员的科技素质。

为了提升合作社社员的科技素质，付永华把巾帼蔬菜合作社办成了哈市妇联涉农免费教育基地，仅红兰旗村就有159名青年农民经过两年的学习培训获得了中专学历，并每人还得到国家千元的补贴，大大地提高了青年农民的科技素质，为蔬菜生产奠定

了坚实基础。

打破了旧的传统经营观念，坚持创新蔬菜经营模式。

通过多年的种植蔬菜，网上营销，让付永华不仅尝到了创业的甜头，更多的是经历了艰辛的考验，使付永华迅速地成长起来了，蔬菜种植从经营理念、经营模式、技术手段到产业营销诸多方面能力明显提升，逐步成长为新型农民中的女强人。

经过多年的奋斗，付永华的合作社变成了集种植、收储、加工、销售为一体的联合社。前年被评为省十佳生产基地。作为省人大代表、五常市人大代表，绝不辜负党和人民对她的希望，她经常说："人民选我党代表，我当代表为人民"，深感使命重大，下定决心为改变家乡的面貌，决心开创出一个新的发展道路。"人无头不走，鸟无头不飞"，作为党代表和人大代表要起到带头作用，付永华能积极向党和政府提出许多可行性建议和议案，为兴隆乡红兰旗杧争取资金修建了村屯公路16.7公里，村屯安上了路灯，道路两边栽植了花草树木，环境优美，人民群众感到高兴。

七、下海经商的好榜样——马玉学

马玉学，男，汉族。1954年9月18日出生于黑龙江省五常市牛家满族镇新友村南岗屯，高中文化，现任大连市东方投资置业有限公司董事长，大连市第十四届人大代表。

1962年8月入牛家公社小学、中学读书。毕业后，于1979年在牛家公社做干部工作，先后担任过牛家公社农建营（独立团）干部和工交、水利干部，期间为牛家的农业和农村工作做出过一定的贡献。1985年他到五常镇企业办工作，担任过五常市第二饲料厂厂长，同时进入了五常镇企业领导岗位。

1993年，随着改革开放的步步深入，他弃政从商，首先在五常市杜家镇一五三处建立五常达泰谷物制品有限公司，做起粮食购销行业，任公司董事长。建造烘干塔一座，最高年销售额达到了五千万元。1998年他发展到大连市，任大连佳禾贸易有限公司总经理，经营粮食等农产品，购销两旺，销售额与利润猛增。

2004年改金马房地产开发有限公司为大连市东方投资置业有限公司。

2009年的大连市东方投资置业有限公司，已汇集成房地产、商业公建出租、仓储、物业管理为一体的综合性实体，公司拥有员工115人，经营业户1 900个，占地面积22.6平方米，总资产达亿元。

企业在不断发展壮大的过程中，不忘回报社会，接收安置国企改制下岗人员，并配合街道成立了"甘井子区再就业基地"，在国际金融危机，其他企业降薪裁员的情况下，公司又为社会提供50个就业岗位。内部员工有难倾情相助，四川地震慷慨解囊，爱心善举体现在他生活和工作中的每时每处，数不胜数，原黑龙江省委副书记王建功亲笔为马董题词，赞许有加："传家有道唯存厚，处世无奇但率真"。

他责任于社会，爱心于社会，因而得到了社会的认可，得到了政府的大力支持，大连市市委书记夏德仁亲临企业进行视察，政府人员、社会各界都不同程度地给予大力支持，所有这些反映了马玉学其人令人折服的人格魅力。

成功不忘家乡父老，2005年，他为家乡牛家中学捐款5万元，支持教育事业，2009年9月在新中国成立60周年大庆来临之际，为牛家满族镇小城镇建设修建镇内东方路为白色水混路面，再次捐款50万元，为家乡人民献上一份厚礼，收到了父老乡亲的称赞，2014年，马玉学先生无偿投资3 500万元为牛家中小学各建设一座7 000平方米的现代化教学楼。该项目的建成将大幅提升牛家中学的办学条件，充分满足牛家人民以及经开区企业员工子女的入学需求，进一步带动牛家的快速发展，助推城镇承载能力的提高，为牛家镇教育事业带来新的气象。

人们都说，马玉学是牛家满族镇人民镶嵌在大连市的一颗璀璨明珠，是辽东半岛腾起的一条巨龙。

潜心研究 不断奉献

蔡新（1943.6—2002.6），男，汉族，五常市人，曾任五常市政协副主席、高级农艺师。

1966年毕业于东北农学院园艺专业，1967年任五常县农技推广站技术员，1973年任五常蔬菜公司技术员，1979年任五常种子公司农艺师，1984年任五常农业局农艺师，1986年晋升为五常多种经营办副主任、高级农艺师、并当选为五常政协副主席，1989年任农业局副局长、农业技术推广研究员，连续当选县政协副主席。

蔡新多年潜心研究农业科技，对五常大棚温室蔬菜生产和果树栽培做出了突出的贡献，曾十七次获得国家、省、市科技进步、丰收计划、星火计划的奖励，他撰写的《棚菜生产是发展县域经济的突破型产业》《寒地西瓜二茬高产栽培技术研发》《庭院棚室茄果类蔬菜生产综合技术研究》等多篇论文在国家、省、市专业刊物上发表，多次被评为省级劳动模范和先进工作者，五常市拔尖人才。先后当选为国家农学会会员、中国园艺学会会员、黑龙江省农业工程学会委员、黑龙江省园艺学会理事、五常市科学技术顾问委员会副主任、五常农学会副理事长。

蔡新坚持把自己所学的知识应用到生产实践中去，不断探索，不断创新，不断有所贡献。他坚持综合长期的生产实践，坚持学习新技术、新知识、新科学。使自己的基础理论和专业知识得到了进一步的丰富和发展。

多年来，他在坚持实践的同时，还自修了李曙轩著的《蔬菜栽培生理》、沈阳农学院主编的《蔬菜育种学》，许蕊仙编著的《蔬菜良种繁育技术》等书籍。还坚持订阅《种子世界》《北方园艺》等相关杂志，进一步丰富了理论知识。

为探索大棚蔬菜和地膜西瓜大面积生产技术，他又同东北农业大学以及哈尔滨市的专家和技术人员共同探索了五常、双城、巴彦三地一千亩大棚黄瓜和三万亩地西瓜早熟生产栽培技术开发研究项目，聚集有关专家、技术人员四十多人，到1989年完成攻关任务。此项研究，已取得了显著的效果。

2002年6月蔡新同志，因患病去世。

吕德修与龙凤山水库

吕德修（1925—1992），男，汉族，五常人，初中文化，中共党员，哈尔滨师范学校特修课毕业，1944—1947年任蛤蜊河子小学教员、校长，1947年任沙河子区民教助理员，1948年在牡丹江行政干部学校学习，1949年2月至1955年任小山子区长、五常市城区区长兼政府财政科长，1955年任县人委办公室副主任，1956年任五常县副县长、县委书记处书记、县委常委等职，1957年任光辉干线总指挥，1958年9月任龙凤山水库总指挥，为县水利建设做出贡献，1972年10月任五常县革委会生产指挥部副主任，1973年6月任五常县革委会副主任，1979年离休，1992年病逝，终年67岁。

吕德修任龙凤山水库总指挥，兼任水库党委书记。作为总指挥毫不动摇地执行县委的决定。1958年9月开工，主要是清基，东西两山清基，需要爆破，则由负责爆破的爆破队，进行打眼、装药、执行爆破任务，爆破的碎石均由人工肩抗、人抬出坝基外。

坝基的清理，以及后期回填、碾压、运砂石等，都是在敢想敢干的精神指导下完成的。

在龙凤山水库工程建设中，吕德修起早贪黑，很少休息，两只眼睛熬得通红，身体瘦了十几斤，他白天与民工在一起劳动，晚间要研究工程中的各种问题，解决各种物资的采购调入，可谓日理万机，在工地的万人中无不交口称赞。

吕德修身材矮小，加之不讲穿戴，被人们称为小老头儿。他从不抽烟卷，每天抽的是自己卷的叶子烟，公家的招待烟他一支也不要，下乡或在工地都和群众吃在一起，什么饭都吃，不管干净埋汰，拿起就吃。

吕德修下乡回来时轻车简从，他不带秘书，往往一个人背着背包，拔腿就走，走到哪就住到哪，工作到哪。

他不讲穿戴，从没穿过毛料西服，脚上是一双胶皮鞋，一顶破帽子，身上衣服也很旧。

吕德修任副县长后，一直住在公家的一间半破房，夏天热得很，冬天冷得很。公家几次想给他调房子都被他拒绝，他在这个破房子一住就是20多年。1986年左右，大批干部们开始建房，有条件的单位还给些建房补助款，吕德修孩子们已经长大，有的要结婚，房子小住不下，这才想起盖房，可是自己没有钱，公家给的钱又不多，于是就求亲靠友，废了九牛二虎的劲终于盖起了小二楼，没钱装修就草草地搬了进去，直至他去世，不但没有装修完，而且建房时欠别人的钱也没还完。

1992年，吕德修因病去世。参加吕德修遗体火化回来，时任县委书记高洪吉说："五常县能有百万亩水田，吕德修是有贡献的。"事实也确是如此。

沙河子镇老区建设发展

2019年，我们坚持以习近平新时代中国特色社会主义思想为思路，深入学习贯彻落实党的十九大精神，紧扣市委、市政府工作要求，依托自身优势着力打造"特色农业、 大镇、生态保护重镇、旅游产业强镇、商贸中心集镇、和谐宜居名镇"的发展思路，围绕乡村振兴园林，抢抓发展机遇，积极作为，全面完成了全年各项工作任务。

一、加快经济发展

一是积极引导农户发展多重形式适度规模经营，培育新型农业经营主体，不断促进农业增收、农民致富。积极培育水稻种植合作社、肉牛养殖合作社、木耳种植合作社、冷水鱼养殖合作社发展壮大，实现农业生产规模化、产品质量标准化，销售方式多元化、农民受益最大化。

二是突出"一村一品"的工作思路，大力发展地栽木耳基地、肉牛基地、养蜂基地和甜玉米种植基地。加大小额扶贫贷款辐射面，发挥新型农村经营主体的带动作用。

三是紧紧围绕历母山寺佛学文化和英雄山红色历史资源，以点带面带动全程旅游后综合开发。突出人文底蕴和生态禀赋，借助龙凤山风景区日益升温的优势，大力发展以旅游业为切入点的第三产业，提升接待能力和服务水平。开发稻花香大米、山产品、冷水鱼系列具有地方特色的旅游商品形成一业兴、百业旺的良好态势。鼓励发展田园综合体，为旅客提供农耕体验，乡村休闲等周边旅游产品配套服务，推进旅游向"全域、全时"延伸拓展。

四是大力发展电子商务，推动稻花香大米、地栽木耳、山产品的线上销售。镇政府扶持众合山产品有限公司，该公司经营木耳、五味子、黄芪、平贝、刺老芽、薇菜等100多种中药材和土特产种植还有山产品收购，已形成规模，年纯收入200万元。支持和鼓励能人回乡，打造"城归经济"，引入社会资本参与特色小镇建设。

五是注重生态环境承载力，大力扶持"秸秆加工厂"建设，我镇的位于柳树河子村的秸秆加工厂已开工建设，可对玉米秸秆、稻草进行综合加工，制成燃料块、生物饲料、有机肥料等，设计年加工能力达到2 500吨，秸秆厂的建设，将极大地缓解"秸秆焚烧"工作压力。各村各单位要加大"秸秆禁烧"宣传力度，形成全民积极参与的良好态势，坚决打赢蓝天保卫战。

六是科学调整种植结构，充分利用五常大米品牌优势，发挥沙河子镇水清地肥的区位优势，扩大优质稻花香种植面积，增加农民收入，2019年全镇旱改水面积600亩，新增稻花香种植面积800亩，仅此一项，全镇预计增收80万元。

七是文化建设，有双龙等5个村建立了文化活动室，群众在茶余饭后集中到文化室打牌，交流科学种田经验等。镇政府所在地有三个广场一个活动室。群众晚饭后都集中到广场扭大秧歌、跳舞，既陶冶了情操，又锻炼了身体，充实了群众的文化生活。

二、狠抓乡村建设

按照"产业兴旺、生态宜居、乡风文明、治理有效、生活富裕"的要求，大力实施乡村振兴战略。

一是加大美丽乡村建设力度，以"尊重自然美、侧重现代美、注重个性美"为原则，在原有村庄形态上改善村民水电路等生产生活条件，打造望得见山、看得见水、记得住乡愁的美丽村庄。推进村庄亮化绿化，推进农村危房改造，2019年全镇危房改造19户19栋，其中新建14户14栋，维修5户5栋。大力推进村镇建设提档升级。2019年上半年硬化村路1 300米，修建标准化路边沟16 000米，植树绿化台16 000米，共栽植绿化树4 400棵，种植花草1.5万株，重点打造"沙河子—磨盘山景观路"。

二是加大环境整治力度，推进农村垃圾、污水、厕所"三大革命"。年处理能力达216 000吨的污水处理厂也在紧张施工中，今年将建成使用。继续推行"户分减，屯保洁，村转运"垃圾集中处理的模式，每个村都设立有临时存放点及专用垃圾场，每个屯都配齐专职保洁员和清运车辆，保证生活垃圾及时清运出屯。同时加大环保宣传力度，提升村民的环保意识。

三是巩固退耕还林成果，大力实施植树造林工程，制定切实可行的荒山绿化规划设计，打好精准灭荒攻坚战。引导大户造林、合作社造林等，实现经济效益与生态效益相统一，提升森林覆盖率，建设绿色沙河子。

三、促进民生改善

一是精准扶贫工作扎实开展，2019年沙河子镇以脱贫攻坚统揽经济社会发展全局，坚持精准扶贫，精准脱贫方略，全面落实各项扶贫政策，扎实推进"重精准、补短板、促攻坚"专项整改行动和脱贫攻坚各项工作。沙河子镇99户206人贫困人口，住房、医疗、就业保障政策均已得到有效落实。所有贫困人口均已纳入医保体系。我镇位于蛤拉河子村的"地栽木耳扶贫基地——地栽木耳菌袋生产车间"已经建成，蛤拉河子村的"驻村工作以扶贫专项资金产业项目"已经实施；争取200万元实施土地流转扶贫产业项目，2019年分红30万元，实现了贫困户脱贫产业全覆盖。

二是做好公共服务工作。积极宣传养老、医保新政策，落实包保责任，深入开展"三清三落实"工作，做好优先优育工作、落实全面二孩政策。

三是落实各项惠能政策。及时足额兑付粮食直补、农资综合直补、农作物良种补贴，农机购置补贴等各项惠民补贴资金。完善各类困难群体救助机制，落实好城乡低保和五保供养、残疾人两项补贴等各项政策。

四、全力以赴转作风，牢固树立法治政府新形象

忠实履行宪法和法律赋予的职责，坚定理想信念，坚持奋发图强，不断加强政府自身建设，推动各项工作提速提质提效。建设学习型政府、法制型政府、效能型政府、廉洁型政府。坚持用制度管权、管事、管人，真正把权力关进制度的笼子。认真执行《党政机关厉行节约反对浪费条例》，进一步遏制"三公"经费支出，控制行政运行成本。树立政府新形象。

小山子镇老区建设发展

2019年，小山子镇党委政府在市委、市政府和包扶部门的亲切关怀下，突出抓好政府中心工作，带领全镇上下各级党员干部全面履行职责，认真完成了预定的工作目标。工作作风明显转变，农村面包明显改观，社会风气明显好转，一个政治安定，社会稳定的良好局面初步形成。

一、工作作风明显改变

镇政府根据上级相关要求，从转变干部作风方面抓起，严肃认真执行了"八项规定"，干部掀起了学习热潮，达到了规范化、制度化、常态化，转变工作作风，干部心齐、气顺、劲足，做到开门办公阳光透明，各项惠民政策落到实处。

精准扶贫工作我们是高度重视，曾多次召开大型会议，进行"回头看"，建档立卡，填写好各种会议记录。主要领导对贫困户一一走访，了解他们的贫困状况，分管领导起早贪黑深入农户家中，开展扶贫济困工作，很多单位和包扶个人都能从热心、爱心、关心的角度参与到扶贫攻坚工作中来，很多典型事例值得我们学习和很好地弘扬。

二、农村面貌明显改观

2019年，镇政府按照上级工作要求，对镇村环境综合整治进行了整体推进，共清运垃圾6 000余吨、整修砂石路20余公里，田间路10余公里，栽花2万余株。绿化了一个标准屯，双利村东岗至西岗屯栽植金叶榆565棵，投资近6万元。

镇政府对镇内铁通路过境段利用去秋今春进行升级改造，疏通下水、维修挂面，预计投资600万元，于今年10月全部完工。

群众性娱乐活动丰富有趣，镇内成立了老年秧歌队，双兴村对上争取资金2万元，购买设备服装，用于文体活动。双利村成立了两个健身队向上争取音响设备3套，秧歌健身服80套。中心小学召开了艺术节，中学全体师生开展远足实践体验活动，群众性活动丰富有趣。

三、社会风气明显好转

党风、政风带动民风，领导带头，干部示范。全镇全年共办理上访案件30件，已办结25件，办结率83%。这里的形势稳定，上访案件少了，对上访人有热心，有耐心，针对不同的上访人，采取相应的办法。大多数上访案件得到了解决。

抓安全保一方百姓平安，镇政府对安全工作常抓不懈，对道路安全、人身安全、防火安全、留守儿童安全及校车管理始终抓住不放，这里没有发生一起重特大安全事故，全年未发生一起森林火灾。

回顾过去一年的政府工作，取得了一些可喜的成绩，这些成绩的取得得益于党委、政府的正确领导，得益于全镇上下各级干部的共同努力，页得益于全镇广大群众的大力支持。我们将继续努力，扎实工作，紧紧团结在镇党委、政府的周围，向着既定的目标前进，为这里的繁荣发展贡献我们的一切。

2020年我们要继续贯彻落实党的十九大精神，紧紧围绕五常市委的中心工作，紧紧团结在镇两委周围，凝聚全镇上下各方力量，谋划好、落实好惠民实事工作项目，确保人民福祉提升，确保社会和谐稳定，确保环境更加美好，做好2020年的各项工作，任务艰巨、责任重大。我们一定要牢记使命，不忘初心，发扬老区人民的革命传统，弘扬老区的革命精神。

后　记

  《五常市革命老区发展史》即将出版发行。这是一部汇集本市革命老区历史事件、战斗故事、英雄人物和新中国成立以来重要工作以及伟大成就的重要史书。中国老区建设促进会2017年发出《关于编纂全国1 599个革命老区县发展史的安排意见》，省、市老区建设促进会也分别作出部署和具体安排，市委对此书的编纂工作高度重视，在人力、物力、资金等方面给予帮助支持，这是此书得以顺利完成的重要保证。

  本书编写过程中，坚持以马克思列宁主义、毛泽东思想、邓小平理论、"三个代表"重要思想、科学发展观为、习近平新时代中国特色社会主义思想指引下，运用历史唯物主义和辩证唯物主义的立场、观点、方法，坚持思想性、科学性、资料性相一致，坚持历史的真实性、事件的准确性与内容的可读性相统一，深入考据并全面系统地记载了五常市革命老区重要历史事件，反映了东北抗联和老区人民在中国共产党领导下展开的伟大斗争，付出了巨大牺牲，作出的巨大贡献，以及老区人民在社会主义革命和建设时期、改革开放时期，特别是党的十八大以来在政治、经济、社会领域取得的巨大成就。

  为确保本书质量和历史厚重感，根据上级老区建设促进会安排，形成样书后进行了黑龙江省、哈尔滨市和五常市自下而上

"三级审读"。市里成立审读小组，由陈增波同志为组长，蔡东辉为副组长，张伟、刘守财为组员。哈尔滨市由邹新生同志（哈市老区建设促进会会长）、王维绪同志（哈市老区建设促进会副会长）为副组长，张同义同志（市老区建设促进会副秘书长）、王洪同志（市史志研究室主任）、张严学同志（市党史研究会常务副会长）为成员的审读小组，对本书进行了再次审读。最后报省审读，省成立了由黑龙江省老区建设促进会、中共黑龙江省委史志研究室、党史和抗联史专家组成的专家组进行审读把关。经过"三级审读"最后印刷出版。再次对所有参加编写、调研、提供素材、修改把关和审读把关的各位领导、专家和同志一并表示谢意。

编者

2020年9月